totem 1

大家的法语

A1

同步学习手册

编 著 董遥遥 穆智勤 刘 宇
李 玉 杨蔚然

外语教学与研究出版社
北京

U0165138

图书在版编目（CIP）数据

totem 大家的法语 1 同步学习手册．A1 / 董遥遥等编著．－－ 北京：外语教学与研究出版社，2023.1
ISBN 978-7-5213-5059-3

Ⅰ．①t… Ⅱ．①董… Ⅲ．①法语－教学参考资料 Ⅳ．①H32

中国国家版本馆 CIP 数据核字 (2024) 第 019930 号

出 版 人　王　芳
责任编辑　张　璐
责任校对　朱　雯
装帧设计　锋尚设计
出版发行　外语教学与研究出版社
社　　址　北京市西三环北路 19 号（100089）
网　　址　https://www.fltrp.com
印　　刷　天津善印科技有限公司
开　　本　889×1194　1/16
印　　张　9.5
版　　次　2024 年 1 月第 1 版 2024 年 1 月第 1 次印刷
书　　号　ISBN 978-7-5213-5059-3
定　　价　48.00 元

如有图书采购需求，图书内容或印刷装订等问题，侵权、盗版书籍等线索，请拨打以下电话或关注官方服务号：
客服电话：400 898 7008
官方服务号：微信搜索并关注公众号"外研社官方服务号"
外研社购书网址：https://fltrp.tmall.com

物料号：350590001

编写说明

"totem大家的法语"根据法国阿歇特图书出版集团的对外法语教材*Totem*改编而成。原教材以《欧洲语言共同参考框架》为指导，以培养综合能力为导向，蕴含"面向行动"的教学观和"多元语言和文化"的能力观。在改编过程中，我们力求尊重原教材的教学理念与能力培养结构，同时充分考虑中国外语学习者的学习需求与习惯。以此为出发点，我们推出了《totem大家的法语1同步学习手册A1》。本书既是对《totem大家的法语1学生用书A1》（以下称"学生用书"）的有益补充，也为实现教材本土化提供了有效路径。我们结合法语专业、二外及出国培训等教学需求，有的放矢地进行了增、补、改、练，旨在提升教材在中国各类法语教学实践中的适用性。

本书包含"同步学习手册""学生用书文本译文""学生用书练习答案"三部分，其中同步学习手册包括一个导入单元和六个主题单元，每个主题单元分为四课，旨在辅助学生用书推进教学内容，巩固学习效果。同步学习手册包含以下几个板块：

1. 数字（Les nombres）。导入单元及第一单元强化了数字知识，并通过简单的数字游戏帮助初学者尽快"破冰"。

2. 为了……（Pour...）。针对本课功能及主题，归纳总结相应的句型和表达，拓展语言知识，提升语用能力。

3. 主题词（Les mots...）。补充常用主题词汇，增加中文释义，以思维导图、表格、图画等形式呈现，便于教师和学生自主拓展词汇。

4. 语法（La grammaire）。梳理每课相应语法知识，增添详细的中文讲解和丰富的例句。同时，我们遵循"面向行动"的教学理念，引导学生对语法现象进行观察和归纳，使其成为知识的主动构建者。

5. 语音（La phonétique）。针对学生用书语音知识过于分散的情况，我们在第一、二单元中系统讲解了语音基本知识，帮助学生奠定语音基础。

6. 练一练（L'entraînement）。针对本课的语言知识补充相应的练习。

7. 读一读（La lecture）。围绕课文主题，补充阅读文本，建构交际语境，传递相关文化知识，帮助学生提升语篇能力、拓宽文化视野。

8. 中国之韵（Et en Chine ?）。在每个主题单元的最后一课，根据学生用书主题，渗入中国文化因子，培养学生的跨文化意识，引导学生用法语介绍中国和中国文化，以期提升文化自信、培养国际传播力。

学生用书及同步学习手册由四川外国语大学法语学院多名骨干教师通力合作，共同编著，并经过多年试用，获得师生的高度好评。在此，我们也要感谢外研社编辑对此套教材提出的中肯意见和细致审校。

法语中有句名言：Apprendre une langue, c'est vivre de nouveau（学习一门语言，好比获得一次新生）。外语教育的目的是推动人的整体发展，希望"totem大家的法语"伴随您用法语开启一段新旅程！

董遥遥

2023年10月16日

I

目　录

同步学习手册

Les nombres 0-20 数字 0~20

1. Écoutez et répétez les nombres. 听录音，跟读数字。 🎧01

0	1	2	3	4	5	6	7	8	9	10
zéro	un	deux	trois	quatre	cinq	six	sept	huit	neuf	dix

11	12	13	14	15	16	17	18	19	20
onze	douze	treize	quatorze	quinze	seize	dix-sept	dix-huit	dix-neuf	vingt

注意： six、huit、dix后跟一个以辅音开头的名词或形容词时，词尾的辅音不发音。如six [si] tables、huit [ɥi] chaises、dix [di] livres。

2. Écoutez. Quels chiffres entendez-vous ? 听一听。你听到了哪些数字？ 🎧02

☐ 0 ☐ 5 ☐ 6 ☐ 8 ☐ 9

☐ 12 ☐ 14 ☐ 15 ☐ 17 ☐ 20

3. Comptez avec vos doigts comme les Français ! 学习法式手指数数方法！

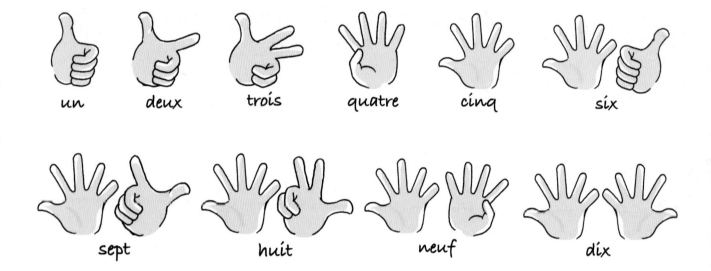

un   deux   trois   quatre   cinq   six

sept   huit   neuf   dix

4. On compte jusqu'à 20 ! 数到 20 ！

On forme un cercle. Le/La professeur(e) prépare une boule de papier. Il/Elle lance la boule à un(e) étudiant(e) en commençant à compter. Ce(tte) dernier(ère) la reçoit, la lance tout en continuant à compter, et ainsi de suite. Quand on arrive à 20, la partie est terminée. On pourrait jouer quelques tours de plus.

大家围成一个圈。老师准备一个纸团，把纸团扔给一名学生并开始数数。接到纸团的人再次将纸团扔出并接着数数，以此类推。当我们数到20时，游戏结束。我们可以多玩几局。

Les nombres 21-69 数字 21~69

1. Écoutez et répétez les nombres. 听录音，跟读数字。 🎧 03

21	22	23	24	25
vingt et un	vingt-deux	vingt-trois	vingt-quatre	vingt-cinq
26	27	28	29	30
vingt-six	vingt-sept	vingt-huit	vingt-neuf	trente
31	40	50	60	69
trente et un	quarante	cinquante	soixante	soixante-neuf

注意：vingt中字母t的发音。

1. 当vingt单独表示数字20时，字母t可发音，也可不发音；

2. 当vingt后有个位数时，如25、29，字母t要发音。

2. Jeu du SCHTROUMPF SCHTROUMPF 游戏

On compte de 0 à 69 (chaque élève prononce un nombre) mais à chaque fois qu'un nombre contient un 6, on ne le prononce pas. À sa place, on prononce le mot SCHTROUMPF. Par exemple : 1, 2, 3, 4, 5, schtroumpf, 7, 8... Celui qui se trompe est éliminé.

我们从0数到69（每个学生说一个数字），当数字中包含6时，我们不说出该数字，而要说 SCHTROUMPF 这个词。例如：1、2、3、4、5、schtroumpf、7、8……谁说错了，谁就被淘汰。

Corrigé :

Les nombres 0-20 数字 0~20

2.

5   8   9   12   14   20

Leçon 1

Pour... 为了……

→ **Demander le prénom et le nom** 询问姓名

Vous vous appelez comment ? 您叫什么名字?
Tu t'appelles comment ? 你叫什么名字?
Il s'appelle comment ? 他叫什么名字?
Elle s'appelle comment ? 她叫什么名字?

→ **Dire le prénom et le nom** 说出姓名

Je m'appelle/Il s'appelle/Elle s'appelle + prénom + nom
Je m'appelle Simon Le Tallec. 我叫Simon Le Tallec。
Il s'appelle Hugo. 他叫Hugo。
Elle s'appelle Françoise. 她叫Françoise。

Les mots... 主题词

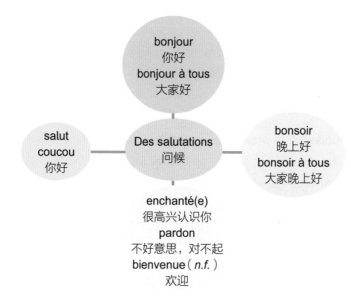

La grammaire 语法

Les articles définis 定冠词

La forme 形式

	singulier 单数				pluriel 复数
	masculin 阳性		**féminin 阴性**		**阴阳性同形**
L'article défini 定冠词	**le**	le café	**la**	la tablette	**les** les cafés les tablettes les hôtels les histoires
	l' (+ voyelle)	l'hôtel	**l' (+ voyelle)**	l'histoire	

L'emploi 用法

- 定冠词用在带有限定成分的名词前，表示确指。

C'est le téléphone de Louise.

C'est l'ordinateur de Simon.

La phonétique 语音

音素	发音方法	读音规则	例词
元音			
[a]	舌位靠前，舌尖抵下齿，与汉语拼音的a相似。	a à â	ma, panne à, là âne, bâtit
[ɛ]	舌尖平抵下齿，舌前部略抬起，开口度略小于[a]。	ai、aî e在闭音节中 e在两个相同的辅音字母前 è、ê、ë ei et在词末	mai, aile, naître, paraît reste, sel verre, elle mère, lève, fête, bête, Noël, Citroën peine, Seine cadet, effet
[e]	舌尖抵下齿，舌前部略抬起，唇形扁平，开口度略小于[ɛ]，嘴角略向两边拉。	é er、ez在词末 es在少数单音节词中	clé, fée aimer, aller, nez, assez des, ses
辅音			
[p]	清辅音。双唇紧闭，气流受阻后，突然冲出口腔，形成爆破音，声带不振动。在辅音群中及闭音节末时送气，在元音前不送气。	p	nappe, pipe, papa, épée
[b]	浊辅音。发音方法跟[p]基本相同，但声带振动，并有少量气流冲出口腔。	b	bile, bol, bus, arabe
[t]	清辅音。舌尖抵上齿，气流受阻后，突然冲出口腔，形成爆破音，声带不振动。在辅音群中及闭音节末时送气，在元音前不送气。	t	site, vite, tapis, terre
[d]	浊辅音。发音方法跟[t]基本相同，但声带振动，并有极少量气流冲出口腔。	d	date, dette, raide, laide

Les connaissances phonétiques 语音知识

1. 法语音素（Les phonèmes français）

音素是最小的语音单位。法语中共有35个音素，其中包含15个元音音素（voyelles），17个辅音音素（consonnes）和3个半元音（或称半辅音）音素（semi-voyelles/semi-consonnes）。元音发音时气流振动声带，但不受其他发音器官阻碍；辅音发音时气流受到其他发音器官阻碍。清辅音发音时声带不振动，浊辅音发音时声带振动。清辅音如p、t、k在元音前不送气，发音与汉语拼音中的b、d、g相似；在闭音节末则要送气。半元音发音时气流振动声带，同时受到其他发音器官强阻，快速爆破除阻后发音。发音时在半元音上无停留，很快过渡到下一元音上。

2. 音节（La syllabe）

1）法语单词由一个或多个音节组成，音节的个数由元音的个数决定，一般说来，一个单词有几个元音，就有几个音节，如ma [ma]有一个音节，stylo [sti-lo]有两个音节。

2）两个元音之间的单辅音属于下一个音节，如arabe [a-rab]；两个相连的辅音则分别属于前后两个音节，如objet [ɔb-ʒɛ]；三个辅音相连时，前两个辅音属于前一个音节，第三个辅音则属于后一个音节，如obscur [ɔps-kyr]。

3）辅音群是由"辅音+[l]或[r]"组合而成的，划分音节时不可拆分，在词首或词中时，辅音群与后面的元音构成一个音节，如flamant [fla-mã]；而当词末是不发音的e时，则仍与前面的音节同属一个音节，如quatre [katr]、table [tabl]。

4）以元音结尾的音节称为开音节，如si [si]；以辅音结尾的音节则称为闭音节，如panne [pan]。

5）在书写时有时会碰到一个词末写完便要移行的情况，此时，单词的拆分不可随意，须保持音节的完整性，在上一行末加上连字符"-"，如ordina-teur。

3. 词末字母的发音

1）辅音字母：辅音字母在词末时一般不发音，如dos [do]、dans [dã]；但字母c、f、l、r在词尾时，一般要发音，如sac [sak]、vif [vif]、normal [nɔrmal]、jour [ʒur]。

2）元音字母e：不带音符的字母e在词末时一般不发音，但能够辅助前面的辅音字母发音，如chaise [ʃɛz]、pomme [pɔm]。

3）双写辅音字母只发一个音，如dette [dɛt]、verre [vɛr]。

L'entraînement 练一练

1. Prononcez. 拼读练习。

	[a]	[ɛ]	[e]
[p]	[pa]	[pɛ]	[pe]
[b]	[ba]	[bɛ]	[be]
[t]	[ta]	[tɛ]	[te]
[d]	[da]	[dɛ]	[de]

2. Lisez les mots suivants et comparez les différents sons. 读下列单词并对比辨音。

[ɛ] - [e]	[p] - [b]	[t] - [d]
allait - allée	panne - banni	tata - dada
taisais - taisez	pelle - belle	tête - dette
aidait - aidez	pépé - bébé	télé - délai

3. Prononcez les mots suivants et écoutez pour vérifier. Donnez la transcription phonétique des mots soulignés et séparez les syllabes. 读下列单词并听录音检查。为画线的单词标注音标并划分音节。🎧04

baisse	pétale	atèle	dais	derrière	bas	laide	pas
dalle	tâtonner	destiner	femme	médire	épais	messe	dé
peine	dictée	pape	barbe	pâté	battait	répéter	nez
solennel	aimez	étape	débat	maître	aimable	tâter	leste

Les nombres 70-100 数字 70~100

1. Écoutez et répétez les nombres. 听录音，跟读数字。🎧05

70	71	72	79
soixante-dix	soixante et onze	soixante-douze	soixante-dix-neuf
80	81	82	89
quatre-vingts	quatre-vingt-un	quatre-vingt-deux	quatre-vingt-neuf
90	91	99	100
quatre-vingt-dix	quatre-vingt-onze	quatre-vingt-dix-neuf	cent

注意：整80时，vingt的结尾有s，81~99中vingt后面没有s。

2. Jeu 游戏

Ce jeu se joue en binôme, un(e) étudiant(e) dit un nombre à deux chiffres, son partenaire doit annoncer le nombre inversé en 5 secondes, par exemple 18 et 81.

两人一组，其中一位学生说出一个两位数的数字，另一位学生应在5秒内说出相反的数字，比如18和81。

Corrigé :

La phonétique 语音

3.

pétale [pe-tal]   atèle [a-tɛl]   tâtonner [tɑ-tɔ-ne]   femme [fam]   épais [e-pɛ]

peine [pɛn]   barbe [barb]   répéter [re-pe-te]   aimable [ɛ-mabl]   leste [lɛst]

Leçon 2

Pour... 为了……

→ Reconnaître des mots français à l'écrit 书写中识别法语单词

Connaissez-vous ces mots français ？您认识这些法语单词吗？
Vous utilisez ces mots dans votre langue ？在您的语言里会用到这些词吗？
J'utilise ces mots dans une autre langue. 我会在另一种语言里用到这些词。
Nous utilisons un dictionnaire. 我们用词典。
Comment ce mot s'écrit-il en français ？这个词在法语中怎么拼写？
Cherchez le mot dans un dictionnaire. 在词典里查找一下这个词语吧。

Connaissez-vous les mots suivants ？ Devinez quels sont les mots français. Utilisez un dictionnaire pour les vérifier. 你认识下面这些词吗？猜一猜哪些是法语词。查词典确认一下。

bonjour	ami	restaurant	spécial	français	Paris	maïs	café
sœur	où	téléphone	France	exemple	hôtel	Noël	taxi

Les mots... 主题词

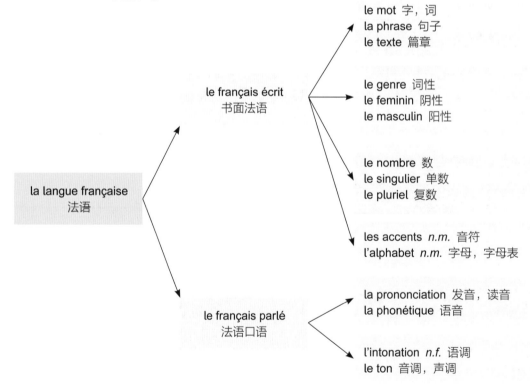

le mot 字，词
la phrase 句子
le texte 篇章

le genre 词性
le feminin 阴性
le masculin 阳性

le nombre 数
le singulier 单数
le pluriel 复数

les accents *n.m.* 音符
l'alphabet *n.m.* 字母，字母表

la prononciation 发音，读音
la phonétique 语音

l'intonation *n.f.* 语调
le ton 音调，声调

le français écrit 书面法语

la langue française 法语

le français parlé 法语口语

La grammaire 语法

Les marques du genre et du pluriel à l'écrit 书写中的性数体现

法语中名词有阴阳性和单复数的区别。

 💡 **阴阳性：** 有生命的物体一般按照其性别分为阴阳性，但无生命的物体也被人为规定了阴阳性，初学者需要花一些时间来习惯和记忆。从书面看，一般来说，阴性名词常以e结尾，比如pâtisserie、pharmacie。

 💡 **单复数：** 法语名词变为复数时，一般直接在词末加s，比如l'enfant的复数形式为les enfants，l'ami的复数形式为les amis。

 注意： 上述规则并不是绝对准则，也存在很多例外，如livre为阳性名词，初学者要切忌以偏概全。

L'entraînement 练一练

1. Lisez les mots et dites s'ils sont masculins ou féminins. 读单词并说出它们是阳性还是阴性。

tableau	vélo
Chine	langue
revue	amie
cahier	bulle

2. Écrivez les mots au pluriel. 写出这些词的复数形式。

la fête		le téléphone	
la vidéo		le dictionnaire	
la personne		l'objet	
la saison		le document	

La phonétique 语音

音素	发音方法	读音规则	例词
元音			
[ə]	舌位和开口度与[ɛ]相近，但双唇突出呈圆形，圆唇是关键。	e在单音节词末 e在词首开音节 e在"辅辅e辅"中 on在个别词中	se, te, de repas, debout, demi mercredi, vendredi monsieur
[œ]	舌位和开口度与[ɛ]相同，只是双唇略呈圆形。	eu、œu在闭音节词中 eu、œu在词首或词中 ueil [œj] 少数借词中	heure, acteur, sœur, œuf aveugler, beurrer, œuvrer accueil, recueil, orgueil club, t-shirt
[ø]	舌位和[e]相同，圆唇。开口度比[e]更小，仅一小指宽。	eu、œu在词末开音节 eu在[d] [t] [z] [ʒ]音前	peu, deux, nœud, œufs jeudi, neutre, heureuse, Maubeuge

续表

音素	发音方法	读音规则	例词
辅音			
[k]	清辅音。舌面抬起，抵上颚后部，形成阻塞，气流不振动声带，从口腔冲出，形成爆破音。在辅音群中及音节末时送气，在元音前不送气。	k、ck qu c、cc在辅音字母及a、o、u前 c、q在词末 ch在少数词中	kaki, ticket classique, physique, qui, que classe, acte, cas, accord, culture sac, lac, coq, cinq technique, choriste, Munich
[g]	浊辅音。发音方法跟[k]相同，但声带振动。	g在辅音字母及a、o、u前或少数词尾 gu在e、i、y前	glass, grave, gare, goût, légume, zigzag, mah-jong guerre, guide, Guy
[f]	清辅音。上门齿抵住下唇内侧，下唇略向内含，气流通过唇齿间缝隙冲出，呈摩擦音，声带不振动。	f、ff ph	face, fait, neuf, difficile photographe, physique
[v]	浊辅音。发音方法跟[f]基本相同，但声带振动。	v w在个别词中 f在连音时	vie, veuf, veste, vœu wagon neuf amis

Les connaissances phonétiques 语音知识

1. 重音（L'accentuation）

法语的重音一般在单词或词组的最后一个音节上，不过法语的重读音节和非重读音节差别不大。

2. 节奏组（Le groupe rythmique）

法语句子可以按照语义和语法划分为节奏组。节奏组一般以实词为主体，辅助词和有关的实词共同组成节奏组，每个节奏组中通常只有最后一个音节有重音，叫作节奏重音。

3. 省音（L'élision）

部分以元音字母e、a或i结尾的词（大部分是单音节词），当它后面的单词以元音开始时，通常需要省去词末元音字母，该词发音的辅音与后一个单词的词首元音合并成一个音节。省去的元音字母用省文撇（apostrophe）"'"代替。

le + ami ⟶ l'ami   se + appelle ⟶ s'appelle

la + heure ⟶ l'heure   ce + est ⟶ c'est

je + aime ⟶ j'aime   que + il ⟶ qu'il

常见的9个以字母e结尾的单音节词ce、de、je、le、me、ne、te、se、que都遵循这一规则。此外，la、si、jusque、lorsque、presque、puisque等词也有省音现象。

la + adresse ⟶ l'adresse

jusque + où ⟶ jusqu'où

si + il ⟶ s'il（注意：si只在il和ils前省音，在其他词前均不省音）

4. 联诵（La liaison）

在同一节奏组中，前一词词末如果是不发音的辅音字母，而后一词以元音开始，那么前一辅音字母则应当发音，并与后一词的词首元音合成一个音节，这种现象叫作联诵。

les écouteurs [le-ze-ku-tœr]   C'est une copie. [sɛ-tyn-kɔ-pi]

neuf amis [nœ-va-mi]   dix ans [di-zɑ̃]

5. 字母 h

1）字母h在法语中不发音，如cahier [kaje]、habitude [a-bi-tyd]、huit [ɥit]、rythme [ritm]。

2）h在词首有哑音h（*h* muet）和嘘音h（*h* aspiré）之分。

当词首是哑音h时，前面的词和它之间可以联诵或省音，如l'heure [lœr]、ils habitent [il-za-bit]。

当词首是嘘音h时，前面的词和它之间不可以联诵或省音，如le héros [lə-e-rɔ]、trois héros [trwa-e-rɔ]。

通常在词典中，凡是以嘘音h开头的词前均标有星号（＊）。

L'entraînement 练一练

1. **Écoutez et cochez la/les voyelle(s) que vous entendez. 听录音并在你所听到的元音下打钩。** 🎧06

	[ɛ]	[e]	[ə]
1			√
2			
3			
4			
5			
6			
7			
8			
9			
10			

2. **Lisez les mots suivants et comparez les différents sons. 读下列单词并对比辨音。**

[ə] - [œ] - [ø]	[k] - [g]	[f] - [v]
te - acheteur - acheteuse	car - gare	vif - vive
ce - sœur - ceux	caisse - guerre	griffe - grive
que - cœur - queue	quitter - guider	passif - passive

3. **Prononcez les mots suivants et écoutez pour vérifier. Donnez la transcription phonétique des mots soulignés et séparez les syllabes. 读下列单词并听录音检查。为画线的单词标注音标并划分音节。** 🎧07

venir	fenêtre	semer	demi	je
digue	quel	peureux	cœur	pharmacie
fève	nerveux	beurrer	peler	tic

| veuf | feu | <u>semaine</u> | querelle | guérir |
| peur | <u>seul</u> | fleur | <u>quai</u> | avez |

4. **Connaissez-vous ces prénoms français ? Écoutez et épelez-les. 你认识这些法语名字吗？来听一听、拼一拼吧。** 🎧08

Louis, Paul, Jean, Pierre, François, Hugo, Léo, Raphaël, Enzo, Lucas, Marie, Anne, Jeanne, Mathilde, Sophie, Emma, Chloé, Léa, Adèle, Clara.

5. **Écoutez le dialogue et notez les noms que vous entendez. Et puis, imitez et jouez la scène. 听对话，记下你所听到的名字。模仿并表演该情景对话。** 🎧09

– Bonjour, je m'appelle __u__ D_ _ _ _s, __-u-__, _ _ _ _,
  d-__-b-__-__-s, D_ _ _ _s. Et vous ?
– Bonjour, moi, je m'appelle M_ _ _ _e P_ _, m-_-_-_-_-e,
  M_ _ _ _e, p-_-_ , P_ _.
– Enchanté.
– Enchantée.

Les nombres 101-9999 数字 101~9999

1. **Écoutez et répétez les nombres. 听录音，跟读数字。** 🎧10

101	199	200	201
cent un	cent quatre-vingt-dix-neuf	deux cents	deux cent un
1000	1001	1300	5000
mille	mille un	mille trois cents	cinq mille
6711		9999	
six mille sept cent onze		neuf mille neuf cent quatre-vingt-dix-neuf	

注意：1. 表示复数"整百"的概念时，cent要加s，但cent后面若有其他数词，则去掉s。
　　　2. mille是不变数词，无阴阳性、单复数之分。

2. **Écrivez les chiffres suivants en lettres françaises. 用法语写出下列数字。**

641 →	734 →
984 →	2986 →
129 →	6012 →
1891 →	4930 →
820 →	9021 →

Corrigé :

Pour... 为了……

全部都是法语词。

La grammaire 语法

1.

tableau 阳性	vélo 阳性
Chine 阴性	langue 阴性
revue 阴性	amie 阴性
cahier 阳性	bulle 阴性

2.

la fête	les fêtes	le téléphone	les téléphones
la vidéo	les vidéos	le dictionnaire	les dictionnaires
la personne	les personnes	l'objet	les objets
la saison	les saisons	le document	les documents

La phonétique 语音

1.

1. [ə]   2. [ɛ]   3. [ə]   4. [e]   5. [ə]   6. [e]   7. [ɛ]   8. [ə]   9. [ə], [e]   10. [ə], [ɛ]

1. cela   2. celle   3. petit   4. aller   5. tenir
6. téléphone   7. sept   8. que   9. lever   10. menait

3.

fenêtre [fə-nɛtr]   peureux [pœ-rø]   pharmacie [far-ma-si]   nerveux [nɛr-vø]
semaine [sə-mɛn]   seul [sœl]   quai [kɛ]/[ke]

5.

– Bonjour, je m'appelle Luc Dubois, l-u-c, Luc, d-u-b-o-i-s, Dubois. Et vous ?

– Bonjour, moi, je m'appelle Méline Pic, m-é (e accent aigu) -l-i-n-e, Méline, p-i-c, Pic.

– Enchanté.

– Enchantée.

Les nombres 101-9999 数字 101~9999

2.

641 → six cent quarante et un	734 → sept cent trente-quatre
984 → neuf cent quatre-vingt-quatre	2986 → deux mille neuf cent quatre-vingt-six
129 → cent vingt-neuf	6012 → six mille douze
1891 → mille huit cent quatre-vingt-onze	4930 → quatre mille neuf cent trente
820 → huit cent vingt	9021 → neuf mille vingt et un

Leçon 3

Pour... 为了……

→ **Reconnaître le singulier et le pluriel à l'oral** 在口语中识别名词单复数

Le père : Salut, ça va ?
La fille : Salut, ouais, ça va.
Le père : Tu as **des exercices** pour demain ?
La fille : Oui !
Le père : **Un café** ?
La fille : Oui, merci.

Les mots... 主题词

→ **De la politesse** 礼貌用语

S'il vous plaît. 请/劳驾。	Merci. 谢谢。
Je vous en prie. 不客气。	Ça va ? 好吗？行吗?
Comment allez-vous/Comment ça va ? 您/你好吗?	Au revoir/Salut/Ciao ! 再见!
Bonne journée/Bonne soirée ! 祝你度过愉快的一天/夜晚!	

madame/monsieur 女士/先生	vendeur, se 售货员
client, e 顾客	le barman/le garçon 酒保，侍者，服务员
le père 父亲，爸爸	la fille/le fils 女儿/儿子

La gammaire 语法

Les marques du genre et du nombre à l'oral 口语中的性数体现

　　一般说来，在法语中，阴性名词以发音的辅音结尾，比如baguette [bagɛt]，阳性名词以发音的元音结尾，比如café [kafe]，但也有例外，初学者切忌以偏概全。

　　一般说来，在法语中，单数名词和复数名词的发音一样，比如café [kafe]、cafés [kafe]，但也有例外。

Les articles indéfinis 不定冠词

La forme 形式

	singulier 单数				pluriel 复数	
	masculin 阳性		féminin 阴性		阴阳性同形	
L'article indéfini 不定冠词	**un**	un livre	**une**	une baguette	**des**	des livres des baguettes

L'emploi 用法

- 不定冠词用于不确定的或初次提到的人或事之前，表示泛指。

  Voici une lettre pour toi.

  D'est un étudiant chinois.

L'entraînement 练一练

1. **Écoutez et dites si le mot est féminin ou masculin. 听录音，说出听到的词是阴性还是阳性。** 🎧11

	Féminin	Masculin
1		
2		
3		
4		
5		
6		

2. **Écoutez et dites si le mot est au singulier ou au pluriel. 听录音，说出听到的词是单数还是复数。** 🎧12

	Singulier	Pluriel
1		
2		
3		
4		
5		
6		

3. **Complétez avec les articles indéfinis et lisez les phrases. 用不定冠词填空并朗读句子。**

   a. C'est _____ tableau.

   b. _____ café, s'il vous plaît.

   c. Il regarde _____ vidéo.

   d. Nous écoutons _____ enregistrements.

   f. Le professeur répète _____ mots.

   e. Voici _____ photo.

La phonétique 语音

音素	发音方法	读音规则	例词
元音			
[i]	开口度极小，肌肉紧张，嘴角用力向两边拉，舌尖紧抵下齿，口型扁平。	i、î、ï y	il, si, île, maïs type, style
[y]	舌位、开口度和肌肉紧张度与[i]相近，但双唇须突出、紧绷呈圆形。	u、û	utile, unique dû, sûr, mûr
[u]	舌向后缩，舌后部向上抬起。开口度很小，双唇突出呈圆形。	ou、où、oû	vous, bout où coût, goût
辅音			
[s]	清辅音。舌尖抵下齿，上下齿靠近，舌面前部与上颚间形成缝隙，气流通过缝隙时发生摩擦。	s不在两个元音字母之间，ss c在e、i、y前 ç x在少数词中	sac, Seine, veste, classe, laisser ceci, cette, ici, citer, cycle, cynique ça, français, reçu six, dix, Bruxelles
[z]	浊辅音。发音方法跟[s]相同，但声带振动。	z s在两个元音字母之间 x在两个元音之间 s、x在联诵中	douze, gaz, zigzag base, reposer, rose deuxième, sixième, dixième les amis, deux amis
[ʃ]	发音时舌尖向后缩，双唇前伸呈圆形，舌面向上颚后部靠拢，形成窄缝，气流通过时形成摩擦。	ch sh、sch	Chine, chaise, chèque, lâche short, schéma
[ʒ]	发音方法跟[ʃ]基本相同，但声带振动。	j g在e、i、y前 ge在a、o前	joue, jeune, jour geste, neiger, gilet, gymnase geai, geôle, mangeons

Les connaissances phonétiques 语音知识

1. 连音（L'enchaînement）

在同一节奏组中，前一词词末的发音辅音字母，和后一词的词首元音合读，形成一个音节，这种现象叫作连音。

il est [i-lɛ]　　　　　　　　elle habite [ɛ-la-bit]

une amie [y-na-mi]　　　　il arrive [i-la-riv]

2. 陈述句语调（L'intonation narrative）

通常，在包含两个或两个以上节奏组的较长的肯定陈述句中，语调一般先升后降。

Elle est à la gare, mais elle va à Paris.

Je vais à la piscine, tu vas en classe.

　　实际上，任何一种语言的语调，即使是基本语调，也会因为种种原因而发生诸多变化，所以在语言学习的实践中去体会和总结各种语调的变化才是最行之有效的办法。

3. 字母 x 的发音

通常情况下，

x 在词尾不发音，如 deux、doux；

x 在词中读 [ks]，如 fixe、texte、sexe；

x 在少数词词中和词尾读 [s]，如 six、dix、soixante；

x 在序数词和联诵中读 [z]，如 deuxième、dixième、deux ordinateurs。

4. 词首字母组合 ex 的发音

ex 在辅音前读作 [εks]，如 expliquer、excuse、extérieur；

ex 在元音前读作 [εgz]，如 exercice、exiger、examen。

5. cc、sc 的发音

1）cc 在 a、o、u 或辅音前读作 [k]，如 accabler、d'accord、accuser；
　　cc 在 e、i 前读作 [ks]，如 accès、succès、accident。

2）sc 在 a、o、u 或辅音前读作 [sk]，如 escalader、score、sculpture；
　　sc 在 e、i 前读作 [s]，如 scie、scène、science。

L'entraînement 练一练

1. **Écoutez et cochez la/les voyelle(s) que vous entendez.** 听录音并在你所听到的元音下打钩。🎧13

	[i]	[y]	[u]
1	√		
2			
3			
4			
5			
6			
7			
8			
9			
10			

2. Lisez les mots suivants et comparez les différents sons. 读下列单词并对比辨音。

[i] - [y] - [u]	[s] - [z]	[ʃ] - [ʒ]
site - sur - sou	celle - zèle	niche - tige
chichi - chute - chou	assis - Asie	sèche - Serge
gilet - juste - joujou	chasse - chaise	pluches - luge

3. Prononcez les mots suivants et écoutez pour vérifier. Donnez la transcription phonétique des mots soulignés et séparez les syllabes. Faites attentions à l'accentuation. 读下列单词并听录音检查。为画线的单词标注音标并划分音节。注意重音。🎧14

goûter	cousu	doudou	bûche	exacte
dessus	gêne	Tunisie	tube	passage
juste	discuter	rigide	chute	jamais
durite	scie	exercice	courir	punir
thèse	chemise	cacher	Genève	chat

Les nombres 10 000 et plus 数字 10 000 及以上

1. Écoutez et répétez les nombres. 听录音，跟读数字。🎧15

10 000	10 001	20 000	100 000
dix mille	dix mille un	vingt mille	cent mille
900 654			1 000 000
neuf cent mille six cent cinquante-quatre			un million
2 000 000	700 546 132		
deux millions	sept cents millions cinq cent quarante-six mille cent trente-deux		
1 000 000 000	2 000 000 000	500 200 300 080	
un milliard	deux milliards	cinq cents milliards deux cents millions trois cent mille quatre-vingts	

注意: 1. million 和 milliard 都是名词，所以表示"一百万"和"十亿"时，前面要加 un。复数时要在词末加 s。

2. "整百万"或者"整十亿"后接名词时，需要加介词 de 引导，比如 un million de livres、cinq cents millions de personnes、vingt milliards d'habitants。

2. Dites et écrivez les chiffres suivants en lettres françaises. 用法语说出并写出下列数字。

a. 253 461 →

b. 779 368 542 →

c. 1 299 678 250 →

d. 321 189 571 792 →

e. 486 120 979 523 →

f. 131 494 520 796 →

Corrigé :

La grammaire 语法

1.

1. Masculin   2. Féminin   3. Féminin   4. Masculin   5. Masculin   6. Féminin

Transcription :

1. un croissant   2. une fête   3. des tasses   4. des euros   5. un client   6. une vendeuse

2.

1. Singulier   2. Pluriel   3. Singulier   4. Pluriel   5. Singulier   6. Pluriel

Transcription :

1. un dialogue   2. des filles   3. une baguette   4. des exercices   5. un jour   6. des mots

3.

a. un   b. Un   c. une   d. des   e. des   f. une

La phonétique 语音

1.

1. [i]   2. [y]   3. [u], [i]   4. [y], [i]   5. [u]   6. [u]   7. [y]   8. [i]   9. [y]   10. [y], [i]

Transcription :

1. acide   2. lune   3. outil   4. les États-Unis   5. soupe

6. cours   7. menu   8. cycliste   9. futur   10. usine

3.

cousu [ku-zy]   Tunisie [ty-ni-zi]   passage [pa-saʒ]   discuter [dis-ky-te]

exercice [ɛg-zɛr-sis]   chemise [ʃə-miz]   Genève [ʒə-nɛv]

Les nombres 10 000 et plus 数字 10 000 及以上

2.

a. deux cent cinquante-trois mille quatre cent soixante et un

b. sept cent soixante-dix-neuf millions trois cent soixante-huit mille cinq cent quarante-deux

c. un milliard deux cent quatre-vingt-dix-neuf millions six cent soixante-dix-huit mille deux cent cinquante

d. trois cent vingt et un milliards cent quatre-vingt-neuf millions cinq cent soixante et onze mille sept cent quatre-vingt-douze

e. quatre cent quatre-vingt-six milliards cent vingt millions neuf cent soixante-dix-neuf mille cinq cent vingt-trois

f. cent trente et un milliards quatre cent quatre-vingt-quatorze millions cinq cent vingt mille sept cent quatre-vingt-seize

Leçon 4

Et en Chine ?　中国之韵

Hymne national : *Yiyongjun Jinxingqu* (*La Marche des Volontaires*)
Capitale : Beijing (21 893 095 habitants)
Population : 1,4 milliard d'habitants

Grandes villes
- Shanghai (24 870 895 habitants)
- Tianjin (13 866 009 habitants)
- Wuhan (12 326 518 habitants)
- Guangzhou (18 676 605 habitants)
- Hong Kong (7 474 200 habitants)
- Shenyang (9 070 093 habitants)
- Nanjing (9 314 685 habitants)
- Chongqing (32 054 159 habitants)
- Xi'an (12 952 907 habitants)
（数据来源：中国第七次人口普查）

Les villes de la Chine　中国城市

Classez les villes par nombre d'habitants. 按居民人数对城市进行排名。
1 Chongqing　　　　2 ＿＿＿＿＿　　3 ＿＿＿＿＿　　4 ＿＿＿＿＿　　5 ＿＿＿＿＿
6 ＿＿＿＿＿　　　　7 ＿＿＿＿＿　　8 ＿＿＿＿＿　　9 ＿＿＿＿＿　　10 Hong Kong

Les symboles de la Chine　中国的象征

À deux. Choisissez : qu'est-ce qui représente la Chine pour vous ? 两人一组，选一选：对你来说，什么代表中国？

a　　　　　　　　　　　　　　　　b

a　　　　　　　　　　　　　　　　b

Corrigé :

Les villes de la Chine 中国城市

1 Chongqing   2 Shanghai   3 Beijing   4 Guangzhou   5 Tianjin

6 Wuhan   7 Xi'an   8 Nanjing   9 Shenyang   10 Hong Kong

Les symboles de la Chine 中国的象征

a   b   b   b   a   a

Leçon 5 |

Pour... 为了……

→ Se présenter 自我介绍

Complétez la présentation : 完成自我介绍

Je _____ Caroline, je _____ architecte, je _____ 32 ans. Je suis _____ avec Robert. Je _____ deux enfants.

思考 : 怎么询问和介绍其他家庭成员的年龄、婚姻状况和职业信息?

Les mots... 主题词

→ Des professions 职业

un sportif/une sportive 运动员
un acteur/une actrice 演员
un chanteur/une chanteuse 歌唱家
un animateur/une animatrice 主持人

un serveur/une serveuse 服务员
un ouvrier/une ouvrière 工人
un livreur/une livreuse 送货员

→ De la famille 家庭

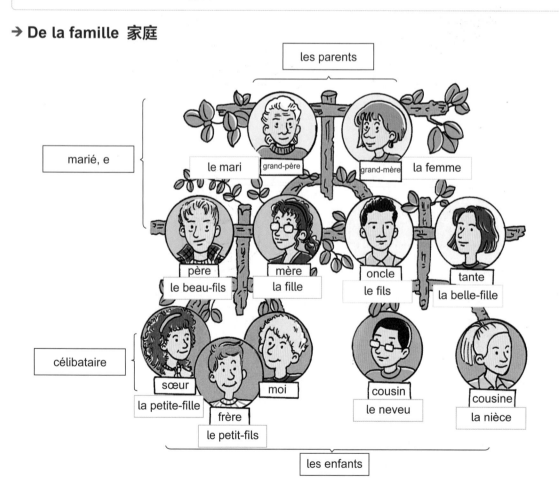

Décrivez les relations familiales avec les mots de la famille. 用家庭词汇描述家庭关系。

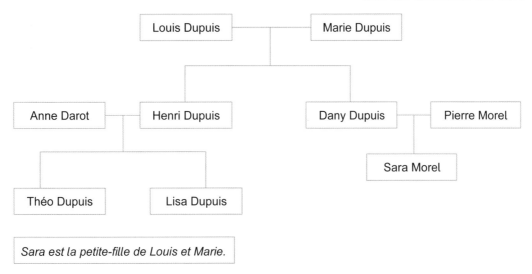

Sara est la petite-fille de Louis et Marie.

La grammaire 语法

Les pronoms toniques 重读人称代词

La forme 形式

单数	复数
moi 我	nous 我们
toi 你	vous 你们
lui 他	eux 他们
elle 她	elles 她们

L'emploi 用法

- 作为主语同位语，放在句首，用来强调主语。
  Mes enfants : lui, c'est Hugo et elle, c'est Louise.
- 放在c'est后面作表语。
  Mme Le Tallec, c'est vous ?
  Les Le Tallec ? Ce sont eux.
  Juliette ? C'est elle.
- 用于无动词的省略句中。
  Je suis étudiant en socio. Et toi ?
- 放在介词后面。
  Ils sont chez eux.
  C'est pour vous.

Conjugaison : *être* et *avoir* à l'indicatif présent
être 和 avoir 的直陈式现在时

être	avoir
je suis	j'ai
tu es	tu as
il/elle est	il/elle a
nous sommes	nous avons
vous êtes	vous avez
ils/elles sont	ils/elles ont

L'entraînement 练一练

1. **Complétez les phrases avec un pronom tonique approprié.** 用适当的重读人称代词补全下列句子。

   a. Je m'appelle Lucie, et _____, tu t'appelles comment ?

   b. _____, c'est Paul, il est professeur. Et _____, c'est Sophie, elle est actrice.

   c. Daniel et Marc, _____, ils sont ingénieurs à la SNCF.

   d. C'est l'anniversaire de Juliette et Louise. Hugo achète des fleurs pour _____.

   e. _____, nous sommes cinq dans la famille.

   f. Anaïs et _____, nous sommes voisins.

   g. – Mes enfants, le chocolat est pour _____.   – Merci, maman !

2. **Complétez le texte avec des pronoms sujets ou des pronoms toniques.** 用主语人称代词或重读人称代词补全下面的短文。

   Bonjour ! Je m'appelle Marie, et voici ma famille. _____ sommes cinq : mon père, ma mère, mon frère, ma sœur et moi. Mon père s'appelle Jean. _____ a 45 ans. _____ est médecin. _____, c'est ma mère, _____ s'appelle Denise. Elle a 43 ans. _____ travaille dans une école. Mon frère Pierre, _____, il est étudiant en socio. _____ a 20 ans. Ma sœur, c'est Émilie. _____ a douze ans et _____ va à l'école. Mes parents habitent à Nantes, ma sœur et _____, _____ habitons avec _____. Mais mon frère, _____ n'habite pas avec _____, il habite à Paris.

3. **Complétez avec la conjugaison du verbe *être* ou *avoir*.** 用动词 être 或 avoir 的变位填空。

   Je m'appelle Lucie, j'ai 45 ans, je suis célibataire.

   a. Il _____ 20 ans.

   b. Je _____ ingénieur à la SNCF.

   c. – Vous _____ mariée ?

   – Oui, je _____ mariée avec Simon. On a deux enfants. /Non, je _____ célibataire.

   d. La sœur de Carlos _____ 35 ans, elle _____ photographe, elle _____ mariée avec Nicolas.

   e. Nous _____ deux enfants, lui, c'est Raoul, il _____ 20 ans, il _____ à la fac. Et elle, c'est Rita.
   Elle _____ journaliste. Elle _____ 27 ans. Ils _____ célibataires.

La phonétique 语音

音素	发音方法	读音规则	例词
元音			
[o]	舌向后缩，双唇突出呈圆形，开口度较小。	o在词末开音节或在[z]音前 ô au eau	mot, stylo, rose, chose tôt, allô, côté aussi, gauche, pauvre beau, nouveau, tableau
[ɔ]	舌略向后缩，双唇突出略呈圆形，开口度比[o]大。	o在多数词和闭音节中（在[z]音前除外） au在[r]音前及少数词中 um在词末时，u的发音（parfum除外）	portable, monotone, téléphone, comme, porte aurore, aurai, Paul forum, album, minimum
辅音			
[l]	舌尖抵上齿龈，形成阻塞，发音时声带振动。气流从抬起的舌尖两侧发出，同时放下舌尖。注意不要向后过度卷舌。	l、ll l在词末	lourd, laine, ville, salle il, Nil, cil
[m]	双唇闭拢，软腭下降形成阻塞，发音时气流振动声带，从口腔和鼻腔同时冲出。	m、mm	mettre, larme, femme, somme
[n]	舌尖抵上齿龈，软腭下降，气流振动声带，并从口腔和鼻腔同时冲出，同时放下舌尖。	n、nn mn	notre, scène, panne, bonne automne, condamner
[r]	放松喉部，舌尖抵下齿，舌后部略抬起，气流通过时小舌振动，同时声带也振动。	r、rr、rh r在词末	Paris, serrer, pourrait, guerre, rhume tenir, cher, mer
[ɲ]	舌尖抵上齿龈，软腭下降，舌面抬起紧贴硬腭中部，形成阻塞，气流从口腔和鼻腔同时冲出。	gn	signe, accompagne, champagne

Les connaissances phonétiques 语音知识

1. 联诵的规则

联诵分为必须联诵、禁止联诵和自由联诵。

必须联诵：

1）在人称代词和变位动词之间。

　　Ils arrivent.　　　　　　　　　　Elles habitent.

2）在限定词和名词之间。

　　les ordinateurs　　　　des amis　　　　dix architectes　　　　mes enfants

3）在前置形容词和名词之间。

　　les nouveaux appartements　　　　　　un bon étudiant

4）在置于主语人称代词之前的动词和主语人称代词之间。

　　Habitent-ils à Paris ?　　　　　　　　Sont-elles étudiants ?

5）在单音节介词和其后面的词之间。

　　chez eux

6）在复合名词中。

　　les États-Unis

7）在一些词组中。

    de moins en moins   de temps en temps

禁止联诵：

1）在作主语的名词和动词之间。

    Thomas habite à Nice.

2）在主语是代词的主谓倒装疑问句中，倒装后的主语人称代词和后面的成分之间。

    Sont-ils étudiants ?

3）连词 et 和后面的词之间。

    vingt et un

4）以嘘音 h 开头的名词和前面的词之间。

    des héros

5）oui、onze、onzième 和前面的词之间。

    Mais oui, il est onze heures.

6）疑问副词和后面的动词之间。

    quand arrive-t-il   quand est-elle mariée

自由联诵：

除必须联诵和禁止联诵以外的其他情况为自由联诵，如名词与后置的多音节修饰词之间。

les langues étrangères

2. 辅音字母在联诵或连音中的变音

1）s、x、z 在联诵时发 [z]。

    les Anglais   avoir de sérieux ennuis   réfléchissez-y

2）t、d 在联诵时发 [t]，注意不送气。

    C'est une secrétaire.   Quand il est en France, il va souvent au musée.

3）g 在联诵时发 [k]。

    C'est un long article.

4）f 在连音时发 [v]。

    neuf heures   neuf ans

L'entraînement 练一练

1. Écoutez et cochez la/les voyelle(s) que vous entendez. 听录音并在你所听到的元音下打钩。 🎧16

	[ɔ]	[œ]	[u]
1	√		
2			
3			
4			
5			
6			
7			

	[ɔ]	[œ]	[u]
8			
9			
10			

2. Lisez les mots suivants et comparez les différents sons. 读下列单词并对比辨音。

[ɔ] - [o]	[l] - [n] - [m]	[n] - [ɲ]
notre - nôtre	le - ne - me	peine - peigne
bord - beau	lit - nid - mis	line - ligne
Paul - saut	celle - scène - sème	cinéma - signer
or - oser	lace - nasse - masse	dîner - digne
mort - mot	pull - punir - plume	devinette - vignette

3. Prononcez les mots suivants et écoutez pour vérifier. Donnez la transcription phonétique des mots soulignés et séparez les syllabes. 读下列单词并听录音检查。为画线的单词标注音标并划分音节。🎧17

donner	<u>cheminot</u>	faute	Robert	signal
Allemagne	nappe	<u>agneau</u>	beaucoup	<u>espagnol</u>
dormir	<u>râleur</u>	hôtel	chaud	autre
condamner	mourir	<u>bagnole</u>	refléter	cerveau
niche	<u>nouveauté</u>	Lille	<u>venir</u>	photo

4. Lisez les phrases suivantes, faites attention à la liaison. 读下列句子，注意联诵。

a. Ils ont vingt ans.

b. Comment vous vous appelez ?

c. Nous habitons en Chine.

d. C'est une tablette.

e. Il est six heures.

f. Quand on est journaliste, on s'oblige à respecter la vie privée des personnes.

La lecture 读一读

Pour parler des membres de la famille de son mari ou de sa femme, on utilise « beau, belle » : par exemple, pour le mari, sa belle-mère et son beau-frère sont la mère et le frère de sa femme.

我们可以使用beau、belle来称呼丈夫或妻子家的家庭成员，例如：对于丈夫来说，la belle-mère（岳母）和le beau-frère（内兄/内弟）就是他妻子的妈妈和兄弟。

Corrigé :

Pour... 为了……

m'appelle/suis   suis   (j')ai   mariée   (J')ai

Les mots... 主题词

Réponses possibles :

Louis Dupuis est le père de Dany.

Henri est le frère de Dany.

Anne Darot est la femme d'Henri Dupuis.

Pierre Morel est le mari de Dany Dupuis.

Théo et Lisa sont les enfants d'Anne et Henri.

Dany et Pierre sont les parents de Sara.

Marie est la mère de Dany et Henri.

Lisa est la sœur de Théo.

Théo est le cousin de Sara.

Lisa est la cousine de Sara.

Théo est le neveu de Dany.

Sara est la nièce d'Henri.

La grammaire 语法

1.

a. toi   b. Lui, elle   c. eux   d. elles   e. Nous   f. moi   g. vous

2.

Nous, Il, Il, Elle, elle, Elle, lui, Il, Elle, elle, moi, nous, eux, il, nous

3.

a. a   b. suis   c. êtes, suis, suis   d. a, est, est   e. avons, a, est, est, a, sont

La phonétique 语音

1.

1. [ɔ]   2. [œ]   3. [u]   4. [œ]   5. [u]   6. [ɔ]   7. [ɔ]   8. [u]   9. [œ]   10. [ɔ]

Transcription :

1. solo   2. neuf   3. louper   4. chanteur   5. nouveau

6. roquefort   7. occuper   8. moulu   9. veulent   10. aurai

3.

cheminot [ʃ(ə)-mi-no]   agneau [a-ɲo]   espagnol [ɛs-pa-ɲɔl]   râleur [ra-lœr]

bagnole [ba-ɲɔl]   nouveauté [nu-vo-te]   venir [və-nir]

4.

a. Ils‿ont vingt‿ans.

b. Comment vous vous‿appelez ?

c. Nous‿habitons en Chine.

d. C'est‿une tablette.

e. Il est six‿heures.

f. Quand‿on‿est journaliste, on s'oblige à respecter la vie privée des personnes.

Leçon 6 |

Pour... 为了……

→ **Se présenter** 自我介绍

Présentez les 3 personnes dans les profils avec des phrases complètes. Dites leur date de naissance, leur nationalité, leur lieu d'origine et d'habitation et leurs langues parlées. 请根据个人主页用完整的句子介绍以上三人，说出他们的出生日期、国籍、籍贯、居住地和使用语言。

Exemple : Rodolfo est né le 1er juillet 1988. Il est mexicain. Il vient de Guadalajara et il habite à Guadalajara, au Mexique. Il parle espagnol et français.

Les mots... 主题词

→ **Des pays et des nationalités** 国家与国籍

Europe n.f. 欧洲			
l'Allemagne (n.f.)	德国	Allemand, e	德国人
l'Angleterre (n.f.)	英国	Anglais, e	英国人
la Belgique	比利时	Belge	比利时人
l'Espagne (n.f.)	西班牙	Espagnol, e	西班牙人
la France	法国	Français, e	法国人
l'Italie (n.f.)	意大利	Italien, ne	意大利人
les Pays-Bas (n.m.pl.)	荷兰	Hollandais, e	荷兰人
la Pologne	波兰	Polonais, e	波兰人
la Russie	俄罗斯	Russe	俄罗斯人
la Suisse	瑞士	Suisse	瑞士人
Asie n.f. 亚洲			
la Chine	中国	Chinois, e	中国人
la Corée du Sud	韩国	Coréen, ne du Sud	韩国人
le Japon	日本	Japonais, e	日本人
les Philippines (n.f.pl.)	菲律宾	Philippin, e	菲律宾人
Afrique n.f. 非洲			
l'Algérie (n.f.)	阿尔及利亚	Algérien, ne	阿尔及利亚人
le Maroc	摩洛哥	Marocain, e	摩洛哥人
Amérique n.f. 美洲			
les États-Unis (n.m.pl.)	美国	Américain, e	美国人
le Brésil	巴西	Brésilien, ne	巴西人
le Mexique	墨西哥	Mexicain, e	墨西哥人

→ **Microblog** 微博

Vous vous présentez : écrivez un microblog.
介绍你自己：写一条微博。

La grammaire 语法

Les articles contractés 缩合冠词

• 当定冠词le、les遇到介词à和de时，须进行缩合，构成缩合冠词。缩合冠词的构成形式如下：

à + le = au	à + les = aux	de + le = du	de + les = des

例如：

– Tu vas où ?   – Au Mexique.

Le photographe parle aux enfants.

C'est la tablette du secrétaire.

Ce sont les cahiers des enfants.

- 但要注意以下不能进行缩合的情况，比如：

Il va à la pharmacie.   Elle est à l'hôpital.

C'est le téléphone de la journaliste.   Lucas est le président de l'école.

Vous allez à l'université ?

Les prépositions + noms de pays/de villes 介词 + 国名 / 城市名

1. 表示"来自某地"

表示来自某城市或国家时，一般在城市、阴性单数国名或者以元音开始的阳性单数国名前用de，在以辅音开始的阳性单数国名前用du，在复数国名前用des。

venir
- de (d') + ville/pays féminin ou commençant par une voyelle
- du + pays masculin commençant par une consonne
- des + pays au pluriel

Je viens de France.

Il vient de Beijing.

Nous venons du Japon.

Vous venez des États-Unis.

注意： 在以元音开头的阳性或阴性单数国名/城市名前，介词**de**应省音。

Je viens d'Iraq.

Nous venons d'Italie.

Il vient d'Amiens.

2. 表示"在某地"或"去某地"

表示"在"或"去"某城市或国家时，一般在城市前用à，在阴性单数国名或者以元音开始的阳性单数国名前用en，在以辅音开始的阳性单数国名前用au，在复数国名前用aux。

habiter
- à + ville
- en + pays féminin ou commençant par une voyelle
- au + pays masculin commençant par une consonne
- aux + pays au pluriel

J'habite à Lyon.

Elle habite en Chine.

Tu habites au Monaco.

Nons habitons aux Pays-Bas.

Conjugaison : *venir* à l'indicatif présent
venir 的直陈式现在时

venir	
je viens	
tu viens	[vjɛ̃]
il/elle vient	
nous venons	[vənɔ̃]
vous venez	[vəne]
ils/elles viennent	[vjɛn]

L'entraînement 练一练

1. **Complétez avec *à*, *en*, *au*, *de*, *du* ou *des*. 用 à、en、au、de、du 或 des 填空。**

   a. José vient _____ Espagne, mais il habite _____ Brésil.

   b. Sara est étudiante, elle vient _____ Maroc. Elle apprend le français _____ Suisse.

   c. Simon et Laura viennent _____ Pays-Bas, ils se sont mariés _____ Allemagne. Ils ont une fille,
      Tina. Elle est _____ Londres, _____ Angleterre.

2. **Complétez le texte avec des prépositions ou des articles contractés convenables. 用合适的
   介词或缩合冠词补全下面的文章。**

   Je suis né _____ France, _____ Nice. Mais je vis _____ Canada depuis 5 ans. Ma femme vient _____
   Belgique. Elle voyage beaucoup pour son travail. Elle va souvent _____ Chine, _____ Japon et
   _____ Philippines. Nous avons trois voisins, Monica, Chandler et Sadio. Monica et Chandler sont mariés.
   Ils viennent _____ États-Unis. Sadio est célibataire, il vient _____ Sénégal et il travaille _____ Montréal
   depuis 10 ans. Cette année, nous allons passer nos vacances ensemble _____ Rome, _____ Italie.

3. **Conjuguez le verbe au présent. 写出动词的直陈式现在时变位。**

   a. Ils _____ (venir) de Chine et ils _____ (travailler) en Allemagne.

   b. Nous _____ (être) espagnols et nous _____ (habiter) au Mexique.

   c. Je _____ (venir) de Russie, mais je _____ (étudier) à Shanghai. Je _____ (parler)
      russe, chinois et français.

4. **Complétez avec le pronom ou la terminaison du verbe. 写出代词或动词词尾。**

   – _____ viens du Canada ?

   – Oui et j'habit_____ à Montréal.

   – Vous habit_____ à Londres ?

   – Oui, mais _____ venons de Belgique.

La phonétique 语音

音素	发音方法	读音规则	例词
元音			
[ɑ̃]	发音部位与[a]相近，舌略向后缩，开口度较大，气流从口腔和鼻腔同时冲出，形成鼻化元音。	an、am en、em	dans, banque, champagne, campus entrer, enfant, temps, ensemble
[ɔ̃]	口型与[ɔ]相同，但舌尖离开下齿，舌略向后缩，气流从口腔和鼻腔同时冲出，形成鼻化元音。	on、om	mon, bon, honte, selon prénom, tomber, sombre
[ɛ̃]	发音部位和[ɛ]相同，但气流从口腔和鼻腔同时冲出，形成鼻化元音。	in、im yn、ym ain、aim ein en在i、y、é之后及个别词中	Tintin, Internet, simple, impossible syndicat, synthèse, symbole, nymphéa sain, bain, faim, daim plein, peindre, ceinture bien, sien, citoyen, moyen, lycéen, européen, examen
[œ̃]	发音部位和[œ]相同，但气流从口腔和鼻腔同时冲出，形成鼻化元音。	un、um	un, chacun, aucun humble, parfum

Les connaissances phonétiques 语音知识

1. 鼻化元音

1）鼻化元音的共同点：书写上，鼻化元音的音标上方都有鼻化元音符号[˜]；发鼻化元音的字母组合均以m或n结尾。在发音上，气流从口腔和鼻腔同时冲出。

2）一般情况下，发鼻化元音的字母组合后如有m、n或元音字母则会失去鼻化音，如an [ɑ̃] → année [ane]、sombre [sɔ̃br] → somme [sɔm]、sain [sɛ̃] → saine [sɛn]、un [œ̃] → une [yn]；但也有例外，如enivrer [ɑ̃nivre]、immangeable [ɛ̃mɑ̃ʒabl]。

3）bon和以-ain、-ein、-yen结尾的形容词在与其他词联诵时，失去原来的鼻化元音，如bon appétit [bɔnapeti]、en plein air [ɑ̃plɛnɛr]、Moyen-Âge [mwajɛnaʒ]。

4）在现代法语中，[œ̃]有逐步被[ɛ̃]替代的趋势。

2. 句子的基本语调

法语句子的语调一般来说比较平稳，很少有大幅度的升降。语调的上升、下降取决于句子的长度、类型等因素。句子按语义和语法划分出节奏组，每一个节奏组只有一个节奏重音，节奏重音落在最后一个音节上，且最后一个音节通常会更长一些。

1）在肯定陈述句中，语调完全按照节奏组升降。

Il a vingt-trois ans.

Mes enfants : lui, c'est Hugo et elle, c'est Louise.

2）在否定陈述句中，否定词的位置决定语调：否定词在句末时，句子的语调与肯定陈述句相同；否定词在句中时，语调的最高点在否定词pas上。

Aujourd'hui, nous ne travaillons pas.（否定词在句末）

Je ne suis pas Simon Le Tallec. (否定词在句中)

3）疑问句与陈述句不同，其语调一般都有明显上升的地方，最高点通常在起疑问作用的词上。

在口语中，常用语调上升的方法把陈述句改成一般疑问句。

Tu es à la fac ?　　　Vous avez un téléphone ?

在疑问倒装句中，语调可同一般疑问句，也可同时将语调的最高点放在人称代词上。

Êtes-vous marié ?　　　Les Bonomi sont-ils les nouveaux voisins ?

用Est-ce que引导的疑问句中，语调可同一般疑问句，也可把语调的最高点放在que上。

Est-ce que tu as faim ?　　　Est-ce que tu as faim ?

在特殊疑问句中，语调最高点往往在特殊疑问词上，或在句末。

Quel âge avez-vous ?　　　Comment vous vous appelez ?

L'entraînement 练一练

1. Écoutez et cochez la/les voyelle(s) que vous entendez. 听录音并在你所听到的元音下打钩。🎧 18

	[ɑ̃]	[ɔ̃]	[ɛ̃]	[œ̃]
1	√			
2				
3				
4				
5				
6				
7				
8				
9				
10				

2. Lisez les mots suivants et comparez les différents sons. 读下列单词并对比辨音。

[ɑ̃] - [ɔ̃]	[ɑ̃] - [ɛ̃]	[ɔ̃] - [ɛ̃]
sans - son	vent - vin	pont - pain
lent - long	sans - sain	tombe - teint
camp - comte	tendre - timbre	songe - quinze
manger - monter	entendre - éteindre	pouvons - cousin
ensemble - compagnon	pendu - peinture	Londres - limpide

3. **Prononcez les mots suivants et écoutez pour vérifier. Donnez la transcription phonétique des mots soulignés et séparez les syllabes. 读下列单词并听录音检查。为画线的单词标注音标并划分音节。** 🎧19

Fanfan	forgeant	bombe	dindon	main
allemand	brun	longtemps	aucun	lundi
savon	quelqu'un	crainte	symbole	humble
contrôler	danser	chanson	randonnée	sympathique
orange	jardin	prince	chagrin	mince

4. **Lisez les phrases suivantes, faites attention à l'intonation. 读下列句子，注意语调。**

a. Bonjour, je m'appelle Françoise.

b. As-tu des enfants ?

c. Ils ont un fils et une fille.

d. Moi, j'ai dix-neuf ans.

e. Vous êtes ingénieur ?

f. Quel âge a-t-il ?

g. Est-ce que c'est votre nouveau voisin ?

La lecture 读一读

Le 7 juillet 2020, le président français Emmanuel Macron ouvre son compte Tiktok. Il fait une vidéo pour féliciter les élèves qui passent leur bac. Aidez-le à compléter son profil sur Tiktok.

2020年7月7日，法国总统埃马纽埃尔·马克龙注册了抖音账号。他录制了一段视频祝贺通过中学毕业会考的学生们。请帮助他完成他的抖音主页介绍。

Emmanuel Macron
Sexe :
Date de naissance :
Habiter à :
Venir de :

→ Boîte à outils

compte *n.m.* 账户
compléter *v.t.* 补充，补全
ouvrir un compte 开设（开通）账户
féliciter *v.t.* 祝贺，庆贺
les élèves qui passent leur bac
　　通过法国中学毕业会考的学生们

Corrigé :

Pour... 为了……

Réponse possible :

Amelia est née le 24 février 1978. Elle est allemande. Elle vient de Berlin mais elle habite à Paris, en France. Elle parle allemand, français et roumain.

Yvan est né le 28 avril 1991. Il est français. Il vient de Paris mais il habite à Tokyo, au Japon. Il parle français.

La grammaire 语法

1.

a. d', au   b. du, en   c. des, en, à, en

2.

en   à   au   de   en   au   aux   des   du   à   à   en

3.

a. viennent, travaillent   b. sommes, habitons   c. viens, (j')étudie, parle

4.

Tu   e   ez   nous

La phonétique 语音

1.

1. [ɑ̃]   2. [œ̃]   3. [ɔ̃]   4. [ɛ̃]   5. [œ̃]   6. [ɑ̃]   7. [ɛ̃]   8. [ɔ̃]   9. [ɔ̃]   10. [ɑ̃], [œ̃]

Transcription :

1. pendant   2. humble   3. bonbon   4. cinq   5. commun
6. trente   7. dinde   8. oncle   9. nombre   10. emprunt

3.

forgeant [fɔr-ʒɑ̃]   longtemps [lɔ̃-tɑ̃]   lundi [lœ̃-di]   quelqu'un [kɛl-kœ̃]

chanson [ʃɑ̃-sɔ̃]   randonnée [rɑ̃-dɔ-ne]   jardin [ʒar-dɛ̃]   chagrin [ʃa-grɛ̃]

La lecture 读一读

homme   le 21 décembre 1977   Paris   Amiens

Leçon 7 |

Pour... 为了……

→ Poser les questions sur l'identité et les coordonnées 询问身份和联系方式

Nom
姓名
Quel est votre nom ?
Votre nom ?
Vous êtes monsieur/madame... ?

Profession
职业
Quelle est votre profession ?
Quel est votre métier ?
Qu'est-ce que vous faites dans la vie ?
Vous travaillez ?

Adresse/
Adresse mail
地址/邮箱地址
Quelle est votre adresse/adresse mail ?
Votre adresse/adresse mail ?
Vous avez un mail ?

Numéro de
téléphone
电话号码
Quel est votre numéro de téléphone ?
Je peux avoir votre numéro de téléphone ?
Vous pouvez me donner votre numéro
de téléphone ?
Votre téléphone/portable ?

Âge
年龄
Quel âge avez-vous ?
Vous avez quel âge ?
Votre âge ?

→ Parler au téléphone 电话交谈

打招呼	Allô ! Bonjour !
询问 / 表明身份	C'est de la part de qui ? Qui est à l'appareil ? C'est... /C'est moi-même. C'est... à l'appareil.
表明目的	Je voudrais parler à... Je peux parler à... J'appelle pour... Voulez-vous lui dire que je l'ai appelé et de me rappeler ?
等待	Un instant, s'il vous plaît. Je vous le passe. Ne quittez pas.
留言	Désolé, il n'est pas là. Vous voulez laisser un message ? Je peux prendre un message ?
拒绝	Non, merci. Je le rappellerai plus tard.

Les mots... 主题词

Du contact 联系
joindre 与……取得联系
suivre/abonner 关注/订阅
liker/mettre un pouce 点赞
partager 分享，转发
ajouter en ami sur WeChat 添加微信好友

Du téléphone 电话
un appel 一通电话
la sonnerie 铃声
composer 拨号
répondre 接听
taper 按（键）
le clavier 拨号键盘

La grammaire 语法

Les adjectifs possessifs au singulier 单数形式的主有形容词

La forme 形式

C'est à qui ?	singulier 单数形式	
	masculin 阳性	féminin 阴性
à moi	mon	ma
à toi	ton	ta
à lui/elle	son	sa
à nous	notre	notre
à vous	votre	votre
à eux/elles	leur	leur

L'emploi 用法

主有形容词放在名词前，是名词的一种限定词，用来表示所属关系。主有形容词要与名词进行性数配合，并与所有者的人称保持一致。名词前有了主有形容词就不再使用冠词。

son numéro 他/她的电话号码

notre famille 我们的家庭

leur pizza 他们的比萨

思考 🧠：请观察下列句子中主有形容词的用法，说一说你的发现，你能得出什么结论？

1. – Tu as mon adresse mail ?

   – Non, je n'ai pas ton adresse mail.

2. – C'est ton horloge ?

   – Non, ce n'est pas mon horloge, c'est son horloge.

Appeler ou *s'appeler* ? 对比 appeler 和 s'appeler。

Je m'appelle Juliette. ≠ J'appelle Juliette.

我叫Juliette。≠ 我给Juliette打电话。

On vous appelle au téléphone. 有人给您打电话。

Je m'appelle Simon. 我叫Simon。

L'entraînement 练一练

1. **Choisissez les adjectifs possessifs corrects. 选择正确的主有形容词。**

   a. C'est _____ (mon/ma) actrice préférée.

   b. Est-ce que ce sont _____ (ses/leur) numéros ?

   c. Nous aimons rendre visite à _____ (notre/nos) grands-parents.

   d. _____ (Ton/Ta) femme est grande et belle.

   e. _____ (Votre/Vos) voiture est garée devant la maison.

   f. Je n'ai pas _____ (son/sa) adresse.

   g. _____ (Notre/Nos) professeur est très compétent.

   h. _____ (Leur/Leurs) enfants sont très intelligents.

2. **Remplacez les parties soulignées par des adjectifs possessifs appropriés. 用主有形容词替代画线的部分。**

   a. Voici les coordonnées de Marie. Voici _____ coordonnées.

   b. C'est l'amie de Pauline. C'est _____ amie.

   c. Les parents de Thomas et de Luc habitent en Espagne. _____ parents habitent en Espagne.

   d. C'est la baguette de Marc. C'est _____ baguette.

   e. Le vélo appartient à toi. C'est _____ vélo.

   f. Le dictionnaire est à vous. C'est _____ dictionnaire.

   g. Les stylos sont à nous. Ce sont _____ stylos.

   h. La baguette appartient à moi. C'est _____ appartement.

La phonétique 语音

音素	发音方法	读音规则	例词
半元音			
[w]	发音部位和开口度与元音[u]基本相同，但发音短促，肌肉更紧张，气流通道更窄，气流通过时产生摩擦。	ou在元音前 w在少数词中	oui, ouest, louer, souhaiter week-end, whisky
		固定发音： [wa] oi、oî [wɛ̃] oin	moi, quoi, boîte, Benoît loin, point, coin, soin
[j]	发音部位和开口度与元音[i]基本相同，但发音短促，肌肉更紧张，气流通道更窄，气流通过时产生摩擦。	i或y在元音前 ï在两个元音之间 "元音 + il" 在词尾，il的发音 ill在元音字母之间	hier, cahier, Lyon, yeux faïence, aïeul travail, conseil travaille, caillou
		固定发音： [ij] {ill在辅音后 辅音群 + i + 元音，i的发音} [jɛ̃] ien	fille, famille, billet crier, ouvrier, cambrioler bien, indien
[ɥ]	发音部位和开口度与元音[y]基本相同，但发音短促，肌肉更紧张，气流通道更窄，气流通过时产生摩擦。	u在元音前	huit, juillet, cuisine, manuel

Les connaissances phonétiques 语音知识

1. 半元音 / 半辅音

1）[w]、[j]、[ɥ]三个音素因其在发音时声带必须振动，具有元音性质，但同时又带有辅音特有的摩擦，故被称为"半元音"或"半辅音"。它们具有共同的发音特点，即发音时口腔各器官肌肉都须紧张，并且很快过渡到主体元音上。半元音无法独立构成音节，要和前后的辅音、元音一起构成一个音节，如saluer [sa-lɥe]。

2）以[j]结尾的音节被看作闭音节，如réveil [re-vɛj]。

2. 字母组合 -ill 在辅音后的发音

一般来说，字母组合-ill在辅音后发[ij]，如sillon、billet，但也有例外，在有些词中，字母组合-ill在辅音后发作[il]，如ville、mille、Lille、village。

3. y 的发音

字母	条件	发音	例词
y	在两个辅音字母之间	相当于i，发音为[i]	style, cycliste
	在词首	相当于i，发音为[j]	yaourt, yeux
	在两个元音字母之间 ay ey + 元音字母 oy uy	相当于"i + i"，前一个i与y前面的元音字母组合发音，后一个i发音为[j]，与y后面的元音组合成一个音节，如ayez，可看成ai + iez，发音为[ɛ-je]。	crayon seyant voyage essuyer

4. "ti + 元音字母"的发音

字母组合	条件	发音	例词
"ti + 元音字母"在词首		[tj]	tiens, tiède
"ti + 元音字母" 在词中或词末	前无s	[sj]	patience, initial
	前有s	[tj]	vestiaire, aérostier
"ti + e"在词末	前无s	[si]	démocratie, diplomatie
	前有s	[ti]	dynastie, modestie

L'entraînement 练一练

1. Écoutez et cochez le/les phonème(s) que vous entendez. 听录音并在你所听到的音素下打钩。 🎧20

a

	[w]	[u]
1	√	
2		
3		
4		

续表

	[w]	[u]
5		
6		

b

	[j]	[i]
1		
2		
3		
4		
5		
6		

c

	[ɥ]	[y]
1		
2		
3		
4		
5		
6		

2. **Lisez les mots suivants et comparez les différents sons. 读下列单词并对比辨音。**

[wa] - [wɛ̃]	[sjɔ̃] - [tjɔ̃]	[je] - [jɛr]	[y] - [ɥi]
loi - loin	natation - suggestion	premier - première	fut - fuit
soi - soin	préparation - question	volontiers - frontière	pu - puis
fois - foin	révolution - gestion	ouvrier - ouvrière	lu - lui
quoi - coin	punition - digestion	infirmier - infirmière	su - suis

3. **Prononcez les mots suivants et écoutez pour vérifier. Donnez la transcription phonétique des mots soulignés et séparez les syllabes. 读下列单词并听录音检查。为画线的单词标注音标并划分音节。** 🎧 421

prononciation	réveillon	jouer	point	boisson
juin	minuit	appuyer	lointain	essayer
sueur	ouest	allouer	bruyant	bataille
villageois	diable	accueil	veille	douane
niçois	bientôt	liaison	doyen	annuel

La lecture 读一读

En France, les numéros de téléphone sont composés de dix chiffres. Les téléphones fixes commencent tous par un indicatif particulier qui indique la région d'où provient l'appel.

Voici les principaux indicatifs régionaux :

01 : pour l'Île-de-France (région parisienne).

02 : pour la région Nord-Ouest.

03 : pour la région Nord-Est.

04 : pour la région Sud-Est.

05 : pour la région Sud-Ouest.

Les numéros de téléphones mobiles commencent par 06 ou 07.

Mais à partir du 1ᵉʳ janvier 2023, les règles pour les numéros de téléphone fixe changent. Désormais, vous pouvez garder votre numéro de téléphone si vous déménagez dans une autre région de la France. Par exemple, vous habitez à Nice et que votre numéro commence par 04, si vous allez déménager à Paris, vous pouvez garder le même numéro. De plus, si vous êtes un nouvel abonné, vous pouvez avoir un numéro de téléphone fixe qui commence par deux chiffres de 01 à 05 que vous souhaitez.

法国的电话号码由10个数字构成。所有固定电话号码的开头都是一个特定的区号，代表来电的地区。

以下是主要的区号：

01：法兰西岛大区（巴黎首都圈）。

02：西北地区。

03：东北地区。

04：东南地区。

05：西南地区。

移动手机号码以06或07开头。

但从2023年1月1日起，固定电话号码的规定发生了变化。此后，如果您搬到法国其他地区，您可以保留您原来的固定电话号码。例如，如果您住在尼斯，电话号码以04开头，搬到巴黎后，您仍可以保留相同的号码。此外，如果您是新用户，可以根据意愿从01~05中任意选择一个作为电话号码的开头。

→ Boîte à outils

numéro *n.m.*	号码
le téléphone fixe	固定电话
le téléphone mobile	移动电话，手机
indicatif *n.m.*	区号
région *n.f.*	地区
règle *n.f.*	规则
abonné, e *n.*	（电话）用户
particulier, ère *adj.*	特别的，特定的
composer *v.t.*	组成，构成
indiquer *v.t.*	指出，表示
provenir de	来自，源于
commencer par	由……开始
garder *v.t.*	保留
déménager *v.t.*	搬家
souhaiter *v.t.*	希望，期望
principal, e *adj.*	主要的，重要的

1. Vrai ou faux ? 判断正误。

a. En 2020, madame Fontaine habite à Paris, son numéro de téléphone est le 01 89 52 40 73.

b. En 2018, Hugo fait ses études à Nantes, son numéro de téléphone peut être le 03 20 15 61 04.

c. Sylvie vient de Nice, elle déménage à Bordeaux en 2023, son fixe peut être 04 36 48 51 79.

d. Nina n'a pas de fixe, mais elle a un portable, son numéro est le 01 16 91 54 45.

e. L'ami de Laurent habite à Lille depuis le 14 février 2023, son numéro de téléphone est le 05 29 37 46 55.

2. Et en Chine, il y a des indicatifs téléphoniques dans de différentes régions ? Donnez des exemples et dessinez la carte des indicatifs téléphoniques de Chine.

在中国，不同的地区有不同的电话区号吗？请给出一些例子并画出中国的电话区号图。

Corrigé :

La grammaire 语法

1.

a. mon   b. ses   c. nos   d. Ta   e. Votre   f. son   g. Notre   h. Leurs

2.

a. ses   b. son   c. Leurs   d. sa   e. ton   f. votre   g. nos   h. mon

La phonétique 语音

1.

a

1. [w]   2. [w]   3. [u]   4. [u]   5. [w]   6. [u]

Transcription :

1. mouette   2. souhaiter   3. couple   4. souffler   5. western   6. carrefour

b

1. [i]   2. [i]   3. [j]   4. [i]   5. [j]   6. [j], [i]

Transcription :

1. joli   2. philosophie   3. traduction   4. gentil   5. recueil   6. hiérarchie

c

1. [ɥ]   2. [y]   3. [ɥ]   4. [y]   5. [y]   6. [ɥ]

Transcription :

1. fruit   2. jus d'orange   3. huître   4. soutenu   5. Hugo   6. nuage

3.

prononciation [prɔ-nɔ̃-sja-sjɔ̃]   réveillon [re-vɛ-jɔ̃]   boisson [bwa-sɔ̃]   appuyer [a-pɥi-je]

essayer [ɛ-se(ɛ)-je]   ouest [wɛst]   villageois [vi-la-ʒwa]   accueil [a-kœj]

bientôt [bjɛ̃-to]   doyen [dwa-jɛ̃]

La lecture 读一读

1.

a. Vrai   b. Faux   c. Vrai   d. Faux   e. Vrai

Leçon 8

Et en Chine ? 中国之韵

→ Et les logements en Chine ? 中国的住宅类型有哪些?

1. Retrouvez le nom de chaque logement. 找出与图片对应的住宅名称。

une maison sur pilotis	un igloo	une yourte
une case de bambou	un chalet	une caverne

a

b

c

d

e

f

2. Cherchez d'autres types de logement en Chine et dans le monde. 找出中国和世界上的其他住宅类型。

Corrigé :

1.

a. une caverne b. un igloo c. un chalet d. une maison sur pilotis
e. une yourte f. une case de bambou

Leçon 9 |

Pour... 为了……

→ Commander au restaurant 在餐馆点餐

Le serveur
侍应生

Bonjour madame et monsieur, vous désirez ? 女士、先生，你们好！想要点什么？

Voici la carte. 这是菜单。

Comme plat du jour, il y a le poulet basquaise. 今日主菜是巴斯克炖鸡。

Il y a aussi le menu-déjeuner, avec une entrée, un plat et un dessert.
我们还提供午餐套餐，包括一份前菜、一份主菜和一份甜点。

Comme boisson, est-ce que vous prenez du vin, ou de l'eau ?
你们点什么饮料呢？葡萄酒还是水？

Le client
顾客

Vous avez faim ? On commande ? 你们饿了吗？我们点菜吧？

La carte, s'il vous plaît. 请给我菜单。

Qu'est-ce qu'il y a comme entrée/plat/dessert ? 有些什么前菜/主菜/甜点呢？

C'est quoi le plat du jour ? 今天的主菜是什么呢？

Il est bon, le poulet basquaise ? 巴斯克炖鸡好吃吗？

Il est excellent.（这道菜）味道好极了。

Un steak frites, à point s'il vous plaît. 请给我一份牛排配薯条，牛排要七分熟。

Je n'aime pas le steak saignant. 我不喜欢带血的（五分熟）牛排。

Pas de dessert, je suis au régime. 我不要甜点，我在节食。

L'addition, s'il vous plaît ! 请结账！

On partage. 我们平摊吧。

Non, non, nous vous invitons. 不，不，我们请客。

Garçon, il y a une erreur dans l'addition. 服务员，账单有误。

Les mots... 主题词

→ De la restauration 餐饮

La viande	*Les produits laitiers*	*Le dessert*
poulet *n.m.* 鸡肉	lait *n.m.* 牛奶	la mousse au chocolat 巧克力慕斯
steak *n.m.* 牛排	fromage *n.m.* 奶酪	la tarte aux pommes 苹果塔
bœuf *n.m.* 牛肉	yaourt *n.m.* 酸奶	gâteau *n.m.* 蛋糕
entrecôte *n.f.*（牛）排骨肉		glace *n.f.* 冰激凌
porc *n.m.* 猪肉	*L'aliment de base*	
canard *n.m.* 鸭肉	pain *n.m.* 面包	*La boisson*
mouton *n.m.* 羊肉	des pâtes *n.f.pl.* 面条	eau *n.f.* 水
	frites *n.f.pl.* 薯条	une carafe/une bouteille d'eau
Le poisson		一瓶水
saumon *n.m.* 鲑鱼，三文鱼	*L'entrée*	le jus de fruit 果汁
	salade *n.f.* 冷盘；色拉	vin *n.m.* 酒，葡萄酒
L'ingrédient	charcuterie *n.f.* 猪肉制品	champagne *n.m.* 香槟酒
sel *n.m.* 盐	pâté *n.m.* 肉糜	
poivre *n.m.* 胡椒	escargot *n.m.* 蜗牛	*L'expression*
moutarde *n.f.* 芥末	crudités *n.f.pl.* 生食	Bon appétit !（祝你）好胃口！
sucre *n.m.* 糖	légume *n.m.* 蔬菜	tchin-tchin 请！（敬酒语）
		excellent, e *adj.* 极好的
		délicieux, se *adj.* 美味的

La grammaire 语法

Les articles indéfinis et définis 不定冠词和定冠词

La forme 形式

	singulier 单数				pluriel 复数	
	masculin 阳性		**féminin 阴性**		**阴阳性同形**	
l'article indéfini 不定冠词	**un**	un steak	**une**	une salade	**des**	des plats des frites
l'article défini 定冠词	**le (l')**	le menu l'été	**la (l')**	la carte l'addition	**les**	les plats les frites

L'emploi 用法

- 不定冠词用在不确指的或初次提到的名词前，说明该名词的性数特征。

  Il propose un restaurant à Paul.

  Elle invite une amie au restaurant.

- 定冠词用在确指的名词前，表示曾经提到的或双方都熟悉的人或物。

  Voilà un professeur, c'est le professeur de la 1ère année.

  C'est un plat délicieux ! Voulez-vous prendre le plat ?

- 定冠词用在被其他成分限定的名词前。

  C'est le sac de Nathalie.

  Voici les livres de Laurent.

- 定冠词表示人或物的总称，或者独一无二的事物。

  La Chine est connue pour sa cuisine.

  L'Arc de Triomphe se trouve sur les Champs-Élysées.

  le soleil/la lune/la terre...

观察并总结以下几种情况是否有冠词。

- 当名词前有其他限定词时，_____。

  C'est ma grand-mère.

  Voici deux billets de train.

- 名词作表语，表明国籍或职业时，_____。

  Son frère est policier.

  Noémie n'est pas Française.

  但c'est后加名词表明国籍或职业时，名词前须加上_____。

  C'est une Espagnole.

  C'est un musicien.

L'interrogation totale ou partielle ？ 一般疑问句还是特殊疑问句？

1. 观察以下句子，总结其特点。

– Vous allez bien ？　– Oui, je vais bien, et vous ？

– Le poulet basquaise, il est bon ?　– Oui, il est délicieux.

– Est-ce que vous voulez un dessert ?　– Non, pas de dessert, je suis au régime.

– Est-ce que je vous donne la carte ?　– Oui, s'il vous plaît.

– Êtes-vous architecte ?　– Non, je suis ingénieur à la SNCF.

– Aimez-vous la cuisine française ?　– Oui, j'adore la cuisine française.

以上疑问句，通常要用 _____ 或 _____ 来回答，称为**一般疑问句**。

思考 🧠：你能否从以上例句中归纳出疑问句的三种构成形式？

- 陈述句语序，借助上升的语调表达疑问。

　Vous êtes monsieur Le Tallec ?

- 借助est-ce que结构，后跟陈述句。

　Est-ce que vous parlez français ?

- 主谓倒装构成疑问句（语级上更为正式、书面化）。

　Voulez-vous prendre un verre ?

2. 读读下列疑问句，说一说它们和一般疑问句的区别。

– Comment allez-vous ?　– Je vais bien.

– Le plat du jour, qu'est-ce que c'est ?　– C'est le saumon grillé avec des haricots verts.

– Quand est-ce que tu vas à Paris ?　– La semaine prochaine.

– Où habitez-vous ?　– J'habite à Nantes.

– Qui est cette fille ?　– Elle s'appelle Julie, étudiante à l'Université de Nantes.

以上疑问句带有疑问词，就某部分信息提问，回答时要提供该部分的相关信息，这样的疑问句为**部分疑问句**或**特殊疑问句**。

观察例句，找出疑问词：_____。

思考 🧠：总结特殊疑问句的构成形式。

L'entraînement 练一练

1. Mettez le dialogue dans l'ordre. 将下列对话排序。

a. Quelle cuisson ?

b. Oui. Et comme plat ?

c. Bonjour madame, qu'est-ce que vous prenez ?

d. À Point.

e. Et comme boisson ?

f. Aujourd'hui, c'est le poulet rôti.

g. Non, je prends un steak.

h. Une carafe d'eau.

i. Bonjour, en entrée, je voudrais une salade italienne, s'il vous plaît.

j. Quel est le plat du jour ?

1_____ -2_____ -3_____ -4_____ -5_____ -6_____ -7_____ -8_____ -9_____ -10_____

2. Complétez avec des articles indéfinis ou définis convenables. 用恰当的不定冠词或定冠词填空。

a. J'aime _____ thé.

b. – Qu'est-ce que tu prends comme boisson ?

   – _____ verre d'eau, s'il vous plaît.

c. Nous avons _____ voisins sympathiques.

d. Tu veux _____ autre croissant ?

e. Quel est _____ plat du jour ?

f. Il a _____ chien qui s'appelle Filou.

g. _____ chien est _____ animal.

h. C'est _____ architecte connu.

i. Je n'aime pas _____ viande. Aujourd'hui, je prends _____ salade de tomate.

j. _____ bon repas est important pour commencer la journée.

3. Soulignez la forme correcte. 选择正确的提问形式。

a. Qu'est-ce que/Est-ce que vous prenez le petit déjeuner ?

b. Qu'est-ce que/Est-ce que tu prends comme dessert ?

c. Qu'est-ce qu'/Est-ce qu'il y a dans le musée de la ville ?

d. Qu'est-ce que/Est-ce que vous prenez un jus d'orange ?

e. Qu'est-ce que/Est-ce que vous faites comme travail ?

f. Qu'est-ce qu'/Est-ce qu'il y un restaurant chinois dans le quartier ?

4. Posez des questions sur les phrases de trois manières différentes. 请用3种方式就下列句子提问。

a. Vous aimez la cuisine chinoise.

b. Elle est journaliste.

c. Il prend un thé vert.

d. Il habite à Nantes.

e. Elle a deux ans.

f. Il parle français.

g. Nous voulons déjeuner à la cafétéria.

5. Complétez avec les verbes *prendre* et *vouloir* au présent. 用动词 prendre 和 vouloir 的适当形式填空 。

a. Je _____ devenir journaliste.

b. Moi, je _____ le saumon grillé et lui, il _____ le poulet basquaise.

c. Qu'est-ce qu'on _____ comme boisson ?

d. Les clients de la table 2 _____ le menu à 12 euros.

e. Elles _____ visiter ces monuments.

f. Est-ce que tu _____ prendre une entrée ?

g. Nous _____ deux steaks sauce échalote.

h. Il _____ écrire un roman sur la Chine.

i. _____-tu travailler avec nous ?

La lecture 读一读

Le repas en France

Un repas français comprend quatre parties : entrée, plat principal, produit laitier puis dessert. On ne sert pas les plats en même temps mais l'un après l'autre. On commence par l'entrée : des légumes crus, ou de la charcuterie (saucisson, pâté...). Et puis on sert le plat principal : de la viande, des œufs ou du poisson avec des légumes, du riz ou des pâtes. Le fromage arrive ensuite. Et pour finir, c'est le dessert : un fruit ou un dessert sucré (un gâteau, une tarte, une glace...).

法餐

一顿法餐包含四个部分：前菜、主菜、乳制品以及甜点。四个部分的菜品不会一次性呈上，而是一道一道按顺序上菜。首先是前菜：生鲜蔬菜、肉制品（香肠、肉饼等）。然后是主菜：肉、蛋、鱼，搭配蔬菜、米饭或面条。接下来可以享用奶酪。最后是甜点：可以选择水果或甜品（蛋糕、派、冰激凌等）。

Question

1. **Quelle partie préférez-vous dans un repas français ? Pourquoi ?** 你最喜欢法餐中的哪一部分？为什么？
2. **Quelles sont les différences entre un repas français et un repas chinois ?** 法餐和中餐有哪些区别？

La cuisine chinoise est très connue pour sa couleur, son odeur, son goût et sa forme. Il y a beaucoup de spécialités régionales en Chine, les gens du Nord aiment le goût fort, alors que dans le Sud, on s'habitue au goût léger. Les habitants du Sichuan préfèrent le piment, mais les gens du Shanxi adorent le vinaigre...

中国菜因其色、香、味、形而闻名。中国有许多地方特色菜，北方人口味较重，南方人口味清淡。四川人喜辣，山西人好醋……

3. **Connaissez-vous ces spécialités chinoises ? Dites leurs noms en français.** 你认识这些中国美食吗？请用法语说出它们的名字。

→ **Boîte à outils**

servir *v.t.* 端上（饭菜），服务
cru, e *adj.* 生的，生食的
couleur *n.f.* 颜色
odeur *n.f.* 气味，香味
goût *n.m.* 味道
le goût fort/le goût léger 重口味/清淡的口味
forme *n.f.* 形状，样子
spécialité *n.f.* 特产，特点
spécialité régionale 地方小吃，地方特产
alors que *loc.conj.* 而……，却……
s'habituer à 习惯于……
préférer *v.t.* 更喜欢，更偏爱
piment *n.m.* 辣椒
adorer *v.t.* 喜欢
vinaigre *n.m.* 醋

Corrigé :

La grammaire 语法

1.

c   i   b   j   f   g   a   d   e   h

2.

a. le   b. Un   c. des   d. un   e. le   f. un   g. Le, un   h. un   i. la, une   j. Un

3.

a. Est-ce que   b. Qu'est-ce que

c. Qu'est-ce qu'   d. Est-ce que

e. Qu'est-ce que   f. Est-ce qu'

4.

a. Vous aimez la cuisine chinoise ? /Aimez-vous la cuisine chinoise ? /Est-ce que vous aimez la cuisine chinois ?

b. Elle est journaliste ? /Est-elle journaliste ? /Est-ce qu'elle est journaliste ?

c. Il prend un thé vert ? /Prend-il un thé vert ? /Est-ce qu'il prend un thé vert ?

d. Il habite à Nantes ? /Habite-t-il à Nantes ? /Est-ce qu'il habite à Nantes ?

e. Elle a douze ans ? /A-t-elle douze ans ? /Est-ce qu'elle a douze ans ?

f. Il parle français ? /Parle-t-il français ? /Est-ce qu'il parle français ?

g. Vous voulez déjeuner à la cafétéria ? /Voulez-vous déjeuner à la cafétéria ? /Est-ce que vous voulez déjeuner à la cafétéria ?

5.

a. veux   b. prends/veux, prend/veut   c. prend   d. prennent/veulent   e. veulent   f. veux

g. prenons/voulons   h. veut   i. Veux

La lecture 读一读

1.

Réponse possible :

Je préfère le dessert du repas français, parce que j'aime bien les pâtisseries. Mais ce n'est pas très sain. 我最喜欢法餐中的甜点，因为我喜欢点心。但这并不是很健康。

2.

Réponse possible :

On sert les plats l'un après l'autre pendant un repas français avec une procédure établie, alors que les plats sont servis à la fois pour un repas chinois.

Les Français mangent individuellement pour prendre un repas. Au contraire, pour le repas chinois, on partage les plats ensemble...

在法餐中，菜肴是一道接一道上，有一个固定的程序，而中餐是一起把菜上齐。

法国人是分餐进食的，与此相反，在中国，大家一起分享所有菜肴……

3.

1. Le canard rôti   2. Les raviolis   3. La fondue du Sichuan

Leçon 10 │

Pour... 为了……

→ Décrire une ville 描述城市

C'est + *adj.*

C'est moderne/ancien, traditionnel, calme/bruyant, animé, dynamique, romantique, agréable, magnifique, admirable.
这很现代/古老，很传统，很安静/吵闹，很热闹，很有活力，很浪漫，很舒服，很壮观，很美妙。

Les mots... 主题词

**Des activités en ville
城市休闲活动**

- découvrir/
  la découverte d'une ville   探索一座城市
- regarder   看
- bronzer   晒黑，把皮肤晒成棕褐色
- chanter   唱歌
- danser   跳舞
- retrouver des amis   见朋友
- écouter de la musique   听音乐
- prendre des photos   拍照
- faire la fête/fêter   吃喝玩乐/庆祝，纪念
- faire un pique-nique/
  pique-niquer   野餐
- faire une promenade/
  se promener   散步
- faire une balade/
  se balader   溜达
- faire un tour   出去兜一圈
- faire une croisière   乘船出游
- faire du shopping   购物
- aller aux magasins   去商场
- aller au jardin   去花园
- aller au parc   去公园
- aller au zoo   去动物园

jouer
- au foot   踢足球
- au basket   打篮球
- au hockey   打曲棍球
- au tennis   打网球
- au golf   打高尔夫球
- au rugby   打橄榄球
- au badminton   打羽毛球

faire
- de la natation   游泳
- de la boxe   打拳击
- de la gym   体操运动
- de la danse   跳舞
- de la voile   帆船运动
- de l'équitation   骑马
- de l'athlétisme   田径运动

De la ville 城市

Sur le fleuve 在河上
- le quai   码头；河堤
- la rive   （江、河、湖的）岸，滨；城市的河滨地区；海岸
- le pont   桥
- le bateau   船

Les voies 道路
- la rue   街，街道，马路
- le boulevard   大马路；林荫大道
- l'avenue   通往某地的林荫大道
- le trottoir   人行道
- le passage   过道，通道

Les lieux publics 公共场所
- la place   广场
- le jardin   花园
- le monument   纪念性建筑；古迹
- l'église   教堂
- la cathédrale   主教座堂；大教堂
- la gare   火车站
- la station de métro   地铁站
- l'arrêt de bus   公交车站
- l'aéroport   机场

Les services publics 公共服务场所
- l'hôpital   医院
- la banque   银行
- la poste   邮局
- la mairie   市政府
- l'office du tourisme   游客中心

Les transports 交通
- à pied   步行
- le vélo   自行车
- la moto   摩托车
- le bus   公交车；巴士
- le bus touristique   旅游巴士
- le métro   地铁
- le tramway   有轨电车
- le train   火车；列车
- l'avion   飞机

Les commerces 商业
- le centre commercial   商业中心
- le marché   市场；菜市场
- le supermarché   超市
- la grande surface   巨型商场；大卖场
- la boutique   小商店；专卖店
- la pharmacie   药店
- le bureau de tabac   烟草专卖店
- le café   咖啡馆
- le bar   酒吧
- le bistrot   小酒馆；小咖啡馆
- le restaurant   饭店；餐馆

De la météo 天气

- Il fait bon.   天气好。
- Il fait beau.   天气晴朗。
- Il fait doux.   天气温和。
- Il fait frais.   天气凉爽。
- Il fait chaud.   天气炎热。
- Il y a du soleil.   天气晴朗。
- Il fait de l'orage.   下暴雨。

- Il fait mauvais.   天气差。
- Il pleut.   下雨。
- Il fait humide.   天气潮湿。
- Il fait lourd.   天气闷。
- Il fait froid.   天气寒冷。
- Il y a des nuages.   天空多云。
- Il neige.   下雪。

– Quelle est la température ? /Il fait combien ? 今天多少度?
– Il fait 28 °C/moins 10°C. 今天28℃/零下10℃。

La grammaire 语法

Le pluriel des noms 名词的复数

一般规则	举例
在单数名词词末加-s构成其复数形式	une place - des places un quai - des quais

思考🧠：

1. 观察下面句子中的复数名词，说出变化的规律：＿＿＿＿＿＿＿＿＿＿＿＿＿＿＿＿。

   Il fait très chaud dans les <u>pays</u> africains.

2. 观察下列句子中的复数名词，说出变化的规律：＿＿＿＿＿＿＿＿＿＿＿＿＿＿＿＿。

   On regarde les <u>bateaux</u> sur la rive droite.

   On ne peut pas fumer dans des <u>lieux</u> publics.

   J'aime les <u>animaux</u>.

不规则名词复数形式的构成见下表：

词尾字母	变化规则	举例
-s, -z, -x	词形不变	un pays - des pays une voix - des voix un nez - des nez
-eau, -au -eu (在大部分词中)	加-x（x不发音）	un bateau - des bateaux un noyau - des noyaux un cheveu - des cheveux
-al (在部分词中)	变-al为-aux（x不发音）	un hôpital - des hôpitaux un journal - des journaux

注意： 有些名词的复数形式变化较为特殊。

monsieur - messieurs   madame - mesdames   mademoiselle - mesdemoiselles

Le pronom indéfini *on* 泛指代词 on

思考🧠：

On écoute de la musique sur le pont des Arts.

Sur la rive gauche, on fait une promenade sur le quai Saint-Bernard.

在这两个句子中，代词on在句子中充当＿＿＿＿＿＿＿。on代替什么人称呢？＿＿＿＿＿＿＿。

总结： 泛指代词on在句子中作主语，谓语动词用第三人称单数形式。

用法	举例
代替其他主语人称代词	Ça marche, on y va. (= je, nous) On fait la fête. (= nous, ils) On est combien ? (= vous)
泛指"人们，大家"	En Chine, on mange avec des baguettes.
泛指"所有人"，常用于格言、谚语中	Si on veut, on peut. Pas à pas, on va loin.

Conjugaison : *faire, découvrir, vendre* à l'indicatif présent
faire、découvrir、vendre 的直陈式现在时

faire	découvrir	vendre
je fais [fɛ]	je découvre	je vends
tu fais [fɛ]	tu découvres	tu vends
il/elle fait [fɛ]	il/elle découvre	il/elle vend
nous faisons [fəzɔ̃]	nous découvrons	nous vendons
vous faites [fɛt]	vous découvrez	vous vendez
ils/elles font [fɔ̃]	ils/elles découvrent	ils/elles vendent

L'entraînement 练一练

1. **Mettez les noms suivants au singulier ou au pluriel.** 把下列名词变为单数或复数形式。

singulier	pluriel	singulier	pluriel
un tapis			messieurs
	des Français	mademoiselle	
un bureau			des noix
une Anglaise		un journal	
un animal			des pays
un nez		un bateau	

2. **Complétez les phrases avec un verbe convenable.** 用合适的动词填空。

> *faire découvrir vendre jouer*

a. Tu _____ la Seine sur le plan ?

b. Les bouquinistes _____ de vieux livres sur les quais.

c. Il _____ du soleil aujourd'hui.

d. On _____ au tennis demain ?

e. Elles _____ du jogging dans le parc le soir.

f. Qu'est-ce que vous _____ dans le musée du Louvre ?

g. C'est une maison à _____.

h. Ils _____ bien au badminton.

i. Ce marchand _____ des fruits dans le marché.

j. Nous _____ des fleurs dans le jardin.

3. **Complétez le texte avec les mots de la liste. 选择恰当的词填空。**

il y a   quais   moderne   admirable
dynamiques   bouquiniste   ancienne   fleuve

Bienvenue à Paris ! C'est une ville à la fois _____ et _____, et surtout romantique. On se promène au bord de la Seine ou sur les _____ du _____. Sur les deux rives, on déguste la cuisine française dans un restaurant _____, on cherche des bouquins chez un _____ et _____ aussi des quartiers _____ pour retrouver des amis. Voilà, maintenant, à vous de découvrir...

La lecture 读一读

Paris est un « escargot »

Paris est un « escargot » de vingt arrondissements. Un arrondissement est une division administrative. Paris est né sur l'île de la Cité. Le 1ᵉʳ arrondissement se situe donc au cœur de Paris. Pour situer un lieu à Paris, les Parisiens citent souvent les deux rives de la Seine (rive droite et rive gauche) et l'arrondissement. La rive gauche désigne les arrondissements situés sur la rive sud de la Seine, tandis que la rive droite indique ceux qui se trouvent au nord de la Seine. Par exemple : le musée du Louvre se situe dans le 1ᵉʳ arrondissement de la rive droite, la tour Eiffel se trouve dans le 7ᵉ de la rive gauche, les Champs-Élysées sont dans le 8ᵉ et le Sacré-Cœur dans le 18ᵉ de la rive droite.

巴黎是一只"蜗牛"

巴黎是由20个区组合而成的一只"蜗牛"。"区"为巴黎的行政区。巴黎城区发源于西岱岛，一区就位于巴黎的"心脏"。巴黎人常常用塞纳河的两岸（右岸和左岸）和大区来定位。左岸指塞纳河以南的行政区，而右岸指塞纳河以北的行政区。例如卢浮宫位于右岸一区、埃菲尔铁塔在左岸七区、香榭丽舍大道位于右岸的八区、圣心大教堂在右岸十八区……

→ **Boîte à outils**

escargot *n.m.* 蜗牛	situer *v.t.* 确认地点（或时间）；定位
arrondissement *n.m.* （城市的）行政区	au cœur de 位于……的中心
division (administrative) *n.f.*（行政区域）划分	citer *v.t.* 列举，指出；引用

Les quatre saisons à Paris 巴黎的四季

le printemps　l'été　l'automne　l'hiver

春　夏　秋　冬

A : Bonjour, comment trouvez-vous le climat à Paris ?
B : En général, c'est agréable. Le printemps, c'est une belle saison. Il fait doux.
　　Les arbres reverdissent et les jardins sont fleuris.
A : Et en été ?
B : En été, il ne fait pas très chaud. Quelquefois, il y a des orages et il pleut.
A : En automne, il y a beaucoup de pluie ?
B : Oui, il pleut très souvent en automne à Paris. Moi, je n' aime pas la pluie, j' adore
　　la ville ensoleillée !
A : Et en hiver, est-ce qu'il fait froid à Paris ?
B : Non, il ne fait pas très froid. Ça dépend des années. Quelquefois il fait très froid
　　et il neige.

A : 您好，您觉得巴黎天气怎么样？
B : 总体来说很舒适。春天是美好的季节，气候温暖，
　　树叶重新变绿，花园里鲜花盛开。
A : 那夏天呢？
B : 夏天，天气不算炎热。但有时会有雷暴或下雨。
A : 秋天的雨水也很多吗？
B : 是的，巴黎的秋天常下雨。我不喜欢下雨，我喜
　　欢阳光明媚的城市！
A; 冬天呢？巴黎的冬天冷吗？
B : 不算太冷，这也得看年份，有时很冷还下雪。

→ **Boîte à outils**

climat *n.m.* 气候
adorer *v.t.* 热爱，酷爱
reverdir *v.i.* （植物等）重新变绿
en général *loc.adv.* 通常，经常
agréable *adj.* 舒适的，令人惬意的
fleuri, e *adj.* 开满花的
Ça dépend de... 这依……而定

Corrigé :

La grammaire 语法

1.

singulier	pluriel	singulier	pluriel
un tapis	des tapis	monsieur	messieurs
un Français	des Français	mademoiselle	mesdemoiselles
un bureau	des bureaux	une noix	des noix
une Anglaise	des Anglaises	un journal	des journaux
un animal	des animaux	un pays	des pays
un nez	des nez	un bateau	des bateaux

2.

a. découvres　b. vendent　c. fait　d. joue　e. font　f. découvrez　g. vendre

h. jouent　i. vend　j. découvrons

3.

ancienne/moderne ; moderne/ancienne ; quais ; fleuve ; admirable ; bouquiniste ; il y a ; dynamiques

Leçon 11

Pour... 为了……

→ Proposer une sortie 提议外出

Tu as des projets pour samedi ? 你星期六有什么计划吗？
Tu es libre, dimanche soir ? 周日晚上你有空吗？
Tu as envie d'aller au restaurant ? 你想去餐馆（吃饭）吗？
Si on allait au cinéma, ce soir ? 咱们今天晚上去看电影，好吗？

→ Organiser un rendez-vous 安排约会

– Où ? 去哪里？
– Chez Louis/À côté de l'opéra/Devant le cinéma. 路易餐厅/歌剧院旁/电影院前。
– Quand/À quelle heure ? 什么时候？/几点钟？
– Aujourd'hui/Demain soir/Dimanche à 20 heures. 今天/明晚/周日20点。

→ Accepter une invitation 接受邀请

Oui, je veux bien. / Avec plaisir ! 好，我很想去。/很乐意！
Oui, je n'ai rien de prévu. 是的，我没安排什么活动。
Peut-être, je vais voir. 也许吧，我得看看（才能知道）。
Super ! / Chouette ! / C'est une bonne idée ! 太棒了！/真棒啊！/这是个好主意！
Oui, pourquoi pas ? 好啊，为什么不呢？
Volontiers, ça me fait plaisir. 很乐意，我很高兴。

→ Refuser une invitation 拒绝邀请

Non, désolée, je suis prise, dimanche. 不行，对不起，周日我有事。
C'est dommage, dimanche, je ne suis pas libre. 真遗憾，周日我没空。
Non, ça ne me dit rien. 不了，我完全没有兴趣。
C'est gentil, mais ce soir, je ne peux pas. 谢谢你的好意，但今晚我去不了。

Les mots... 主题词

→ Des jours de la semaine 星期

lundi 星期一	vendredi 星期五
mardi 星期二	samedi 星期六
mercredi 星期三	dimanche 星期日
jeudi 星期四	

La grammaire 语法

La négation 否定句

1. 观察下列句子，总结法语否定式的构成形式："**sujet** + _____ + **verbe** + _____"。

Je **ne** connais **pas** le musée du quai Branly.   Je **n'**aime **pas** la Bastille.

Il **n'**est **pas** à Paris.   Ce **n'**est **pas** bien.

2. 观察下列句子并回答：在否定句中，定冠词有变化吗？

Françoise n'aime pas **la** viande.   Ce n'est pas **le** sac de Louise.

3. 在否定句中，如果不定冠词修饰直接宾语，表示"没有、不"的概念时，不定冠词要变为de，在以元音开头的名词前要注意省音。

Elle prend un dessert. ⟶ *Elle ne prend pas **de** dessert.*

Ils ont des amis français. ⟶ *Ils n'ont pas **d'**ami français.*

思考 🧠：在Ce n'est pas une bonne idée这句话中，为什么une没有变为de呢？

Conjugaison : *aller, venir, sortir, voir* à l'indicatif présent
aller、venir、sortir、voir 的直陈式现在时

aller	sortir	venir	voir
je vais	je sors	je viens	je vois
tu vas	tu sors	tu viens	tu vois
il/elle va	il/elle sort	il/elle vient	il/elle voit
nous allons	nous sortons	nous venons	nous voyons
vous allez	vous sortez	vous venez	vous voyez
ils/elles vont	ils/elles sortent	ils/elles viennent	ils/elles voient

L'entraînement 练一练

1. **Répondez aux questions par la négation. 请以否定形式回答以下问题。**

a. Tu vas souvent au cinéma le weekend ?

Non, _____.

b. Y a-t-il un bon restaurant près d'ici ?

Non, _____.

c. Le spectacle commence à 20 h ?

Non, _____.

d. Ça te dit de faire un pique-nique au jardin Luxembourg ?

Non, _____.

e. Voulez-vous faire une promenade cet après-midi ?

Non, _____.

f. Prend-elle un dessert ?

Non, _____.

g. Connaissez-vous des artistes arabes ?

Non, _____.

h. Aimez-vous le thé noir ?

Non, _____.

i. Es-tu libre demain après-midi ?

Non, _____.

j. Peut-on trouver des cartes postales dans la boutique ?

Non, _____.

k. Voient-ils le film *La terre errante* ?

Non, _____.

l. Vont-ils visiter l'exposition au musée ?

Non, _____.

m. Venez-vous ce soir à la fête ?

Non, _____.

n. Sortent-elles ce dimanche ?

Non, _____.

2. **Complétez le dialogue avec un verbe convenable. 用合适的动词补充对话。**

aller avoir sortir faire venir commencer pouvoir voir

Luc : Allô ? Estelle, tu _____ quoi demain, tu _____ ?

Estelle : Rien, je ne vais pas _____, pourquoi ?

Luc : Ben, veux-tu _____ le concert de Daft Punk, j'ai deux places. Tu _____ avec moi ?

Estelle : Ben, c'est avec plaisir, mais je dois préparer un exposé pour mardi.

Luc : Mardi, mais tu _____ assez de temps. Écoute, c'est une occasion unique et puis le concert _____ à 18 heures et va finir tôt.

Estelle : Je veux bien y _____, mais malheureusement non, je ne _____ pas.

Luc : Arrête, après le concert, je vais t'aider à préparer l'exposé.

Estelle : Ah bon, c'est très gentil ! D'accord, on se retrouve où ?

Luc : Bon, devant le métro Opéra, à 5 heures moins le quart, ça te dit ?

Estelle : Ok, à demain alors.

Luc : À demain, au revoir !

La lecture 读一读

法国人喜爱的文化活动

　　法国人非常喜欢文化活动，大约一半的人每个月至少会外出一次参加文化活动。2014年，排名前三的文化活动项目是看电影、参观博物馆和看演唱会。年轻人非常喜欢看电影，而老年人则更喜欢去博物馆看展览。此外，法国人也很喜欢看演出，如舞蹈、歌剧、杂技、音乐剧、戏剧等。

Les activités culturelles préférées des Français

Les Français aiment bien les activités culturelles, près de la moitié sortent au moins une fois par mois. En 2014, les sorties culturelles qui constituent le top 3 sont le cinéma, le musée et le concert. Les jeunes ont une grande passion pour le cinéma, alors que les personnes âgées préfèrent aller au musée et voir des expositions. D'ailleurs, les Français aiment aussi des spectacles comme la danse, l'opéra, le cirque, la comédie musicale, le théâtre, etc.

→ Boîte à outils

moitié *n.f.* 一半
près de la moitié 将近一半
une fois par mois 每月一次
passion *n.f.* 热情
avoir une grande passion pour 对……充满热情，酷爱……
âgé, e *adj.* 年纪大的
les personnes âgées 年长的人，老年人

exposition *n.f.* 展览
d'ailleurs *loc.adv.* 此外，况且
spectacle *n.m.* 演出
danse *n.f.* 舞蹈
cirque *n.m.* 马戏；杂技
comédie *n.f.* 戏剧；喜剧
la comédie musicale 音乐剧

Corrigé :

La grammaire 语法

1.

a. Non, je ne vais pas souvent au cinéma le weekend.

b. Non, il n'y a pas de bon restaurant près d'ici.

c. Non, le spectacle ne commence pas à 20 h.

d. Non, ça ne me dit pas, je ne suis pas libre.

e. Non, je ne veux pas faire une promenade cet après-midi.

f. Non, elle ne prend pas de dessert.

g. Non, je ne connais pas d'artistes arabes.

h. Non, je n'aime pas le thé noir.

i. Non, je ne suis pas libre demain après-midi.

j. Non, on ne peut pas trouver des cartes postales dans la boutique.

k. Non, ils ne voient pas le film *La terre errante*.

l. Non, ils ne vont pas visiter l'exposition au musée.

m. Non, nons n'allons pas à la fête ce soir.

n. Non, elles ne sortent pas ce dimanche.

2.

fais   sors   sortir   voir   viens   as   commence   aller   peux

Leçon 12

Et en Chine ? 中国之韵

Lisez le texte et cherchez :

• Qui est la fille ? Pourquoi elle est à Chongqing ?

• Qu'est-ce qu'elle déguste ?

• Où va-t-elle ? Que visite-t-elle ?

Une Française à Chongqing

Je m'appelle Louise, je viens de France et me trouve actuellement en Chine pour un stage. Chongqing, la ville des montagnes, se situe dans le sud-ouest de la Chine. Cette ville est moderne et animée, elle est connue pour sa cuisine épicée, ses monuments magnifiques, les superbes rivières et de nombreux ponts... Je vous invite à me suivre un peu partout pour visiter la ville.

• On fait une promenade au bord de la rivière. Quand il fait beau, on prend le téléphérique pour traverser le Yangtsé et découvrir une vue panoramique sur la ville.

• On visite la vieille ville de Ciqikou avec ses ruelles et ses temples.

• On regarde l'opéra du Sichuan dans la maison de thé.

• On déguste la fondue du Sichuan, un plat convivial. C'est super bon mais trop épicé.

...

法国女孩在重庆

我叫路易丝，来自法国，目前正在中国实习。重庆是一座位于中国西南地区的山城。这座城市既现代又富有活力，因其麻辣的饮食、宏伟的建筑、壮丽的江河和众多的桥梁而闻名……我想邀请你跟随我一起参观这座城市。

• 我们沿江漫步。天气好的时候，我们乘坐缆车横跨长江，纵观城市全景。

• 我们沿着小路游览磁器口古镇，参观那里的庙宇。

• 我们在茶馆里看川剧表演。

• 我们一起吃四川火锅，这是聚餐佳肴，很美味但也很辣。

……

→ Boîte à outils

montagne *n.f.* 山	découvrir *v.t.* 发现，探索	la maison de thé 茶馆
suivre *v.t.* 跟随，跟着	une vue panoramique 全景	déguster *v.t.* 品尝，品味
rivière *n.f.* 河，江	ruelle *n.f.* 小街，小巷	un plat convivial 聚餐佳肴
téléphérique *n.m.* 索道	temple *n.m.* 庙宇，寺院	

Leçon 13

Hugo chez Modesign 雨果在 Modesign 服装店

1. Observez les photos ci-dessous, répondez aux questions. 观察图片，回答问题。

a. Où Hugo va-t-il ? Pour quoi faire ? Justifiez votre réponse.

b. Qu'est-ce qu'on peut repérer sur les vitrines du magasin ? Ça signifie quoi ?

c. Qui est l'autre personnage sur la deuxième photo ?

2. Regardez la vidéo avec le son. Répondez aux questions. 看视频，回答问题。

a. Qui est la dame ? Qu'est-ce qu'elle propose à Hugo ?

b. Est-ce que Hugo connaît bien sa propre taille ? Quelle est sa taille de veste ?

c. Quel est le prix ? Est-ce que c'est cher pour Hugo ?

3. Comment décrivent-ils les vestes ? Complétez. 他们是怎么描述外套的呢？请根据视频内容填空。

Le vendeur : Ce style, ça vous plaît ? ... Trop _____ ? Trop _____ ? Un peu _____ peut-être.

La vendeuse : ... Celle-ci est _____, la couleur est _____, le tissu est _____, c'est _____ !

Vos achats 去购物

Répondez aux questions. 回答问题。

a. Combien dépensez-vous par mois pour acheter des vêtements ?

b. Achetez-vous trop de vêtements ? Pourquoi ?

Culture/Savoir 文化点滴

Les tailles des vêtements en France（法国的服装尺码）

Femmes (女士)　　Hommes (男士)

36 = XS = 42/44

38= S = 46/48

40= M = 50/52

42 = L = 54/56

44= XL =58/60

Quelle est votre taille de veste ? D'après vous, les tailles sont les mêmes en Chine comme en France ?

你的外套尺码是多少呢？你认为中国的服装尺码和法国一样吗？

Les saisons de soldes en France 法国的折扣季

Les soldes d'été 2023 en France métropolitaine

Dans la majorité des départements métropolitains en France, les soldes d'été 2023 se déroulent du mercredi 28 juin au mardi 1er août. Vous pouvez également profiter des soldes pour les achats en ligne pendant cette période.

法国本土2023夏季折扣季

在法国本土的大部分省份，2023年夏季促销从6月28日星期三持续到8月1日星期二。在此期间，您还可以享受网上购物的折扣优惠。

Pour... 为了……

→ Acheter dans un magasin 在商店购物

Demander des articles dans un magasin 在商店询问商品

Le client/La cliente 顾客

Je cherche une veste... 我想买一件外套……

Je voudrais choisir un pantalon... 我想选条裤子……

Vous avez ce modèle en noir, s'il vous plaît ? 请问这一款有黑色的吗？

Vous avez plus petit ? Normalement, je fais du 34. 有小一点儿的吗？我通常穿34号。

Je peux essayer cette jupe ? 我可以试一下这条裙子吗？

Le vendeur/La vendeuse 售货员

Bonjour, madame/monsieur, je peux vous aider ? /vous cherchez... ?

您好，女生/先生，有什么可以帮到您的吗？/您在找……？

Quelle taille/pointure faites-vous ? / Quelle est votre taille ? 您的尺码是多少？

Bien sûr, les cabines sont au fond. 当然，试衣间在后面。

J'ai plus grand si ça ne va pas. 如果这个不合适，我还有大码的。

La couleur vous va très bien. 这个颜色很适合您。

Vous voulez essayer une écharpe pour aller avec ? 您想试试搭配一条围巾吗？

Non, désolé(e), il n'y en a plus pour ce modèle. Mais j'ai un autre modèle avec le même style. Vous voulez l'essayer ? 不，很抱歉，这款已经没有了。但我有另一款相同风格的。您想试试吗？

Ça vous plaît ? 您喜欢吗？

Demander le prix et payer 询价与支付
Le client/La cliente 顾客
C'est combien ? / Ça fait combien ? / Ça coûte combien ? / Combien ? / Combien je vous dois (en tout) ? 多少钱？
Où se trouve la caisse ? 收银台在哪里？
Je paie en liquide/par carte/par chèque/par paiement mobile. 我付现金/刷卡/用支票支付/用移动支付。

Le vendeur/La vendeuse 售货员
C'est 90 euros. / Ça fait 90 euros. / Ça coûte 90 euros. （价格是）90欧元。
Vous payez comment ? 您怎么支付？

Les mots... 主题词

→ De l'intensité 程度

• peu	少，几乎没有	• assez	足够，相当	• très	很，非常
• à peine	几乎不	• plutôt	相当	• bien	十分，完全
• légèrement	少量地	• quasi	几乎，差不多	• fort	特别，很
• un peu	少量，一点儿	• presque	将近，差不多	• beaucoup	非常，很多
		• autant	一样多	• si	如此地
				• tellement	这样地，如此地

un (petit) peu/assez/très/trop... + adjectif/adverbe

intensité faible 程度微弱	intensité moyenne 中等程度	intensité forte 程度强烈
−	=	+
Il est un peu timide en public.	Je suis assez fatigué.	On est très ému de cette histoire. Elle parle trop vite.

→ Des vêtements et des accessoires 服饰

veste *n.f.* 上装，（短）外套	maillot de bain 泳衣	montre *n.f.* 手表
pantalon *n.m.* 长裤	écharpe *n.f.* 长围巾	taille *n.f.* 成衣的尺码
costume *n.m.* （成套）男士西服	foulard *n.m.* 丝巾，方巾，头巾	rayon *n.m.* 柜台
tailleur *n.m.* （成套）女士正装	cravate *n.f.* 领带	caisse *n.f.* 收银台
manteau *n.m.* 大衣，外套	ceinture *n.f.* 腰带	prix *n.m.* 价格
survêtement *n.m.* 厚运动服	casquette *n.f.* 鸭舌帽	vendeur, se *n.* 售货员
anorak *n.m.* 连帽滑雪衫	chapeau *n.m.* 帽子	client, e *n.* 顾客，客户
blouson *n.m.* 夹克衫	chaussette *n.f.* 短筒袜	caissier, ère *n.* 收银员
pull *n.m.* 套头羊毛衫	collant *n.m.* 连裤袜；紧身裤	porter *v.t.* 穿着（强调状态）
chemise *n.f.* 男式衬衫	bas *n.m.* （女士）长筒袜	mettre *v.t.* 穿戴（强调动作）
chemisier *n.m.* 女士长袖衬衫	chaussure *n.f.* 鞋子	acheter *v.t.* 购买，买
t-shirt *n.m.* T恤	escarpin *n.m.* 薄底浅口鞋	vendre *v.t.* 卖，出售
débardeur *n.m.* 背心	chaussure à talons 高跟鞋	coûter *v.t.* 值，值价
robe *n.f.* 连衣裙	botte *n.f.* 靴子	faire des achats/des courses/du
(mini-) jupe *n.f.* （超短）裙	basket *n.m.* 运动鞋	shopping 购物
short *n.m.* 短裤	tennis *n.m.* 网球鞋	en promotion/en solde *loc.adj.* 促
jean *n.m.* 牛仔裤	sandale *n.f.* 凉鞋	销，打折
sous-vêtement *n.m.* 内衣	bijou *n.m.* 珠宝	

Des matières 材质	chemise 衬衫领	fleurs 花朵
en +	montant 高领，立领	
coton 棉花	roulé 翻折高领	*Des styles* 风格
soie 丝绸	bateau 船领	décontracté/casual 休闲的
laine 羊毛		formel 正式的
jean 牛仔布	*Des formes de manches* 袖型	élégant 优雅的
jersey 平纹针织面料	des manches courtes 短袖	traditionnel 传统的
lin 亚麻	des manches longues 长袖	classique 经典的
nylon 尼龙	sans manches 无袖	vintage 复古的
velours 天鹅绒	des manches chauve-souris 蝙蝠袖	rétro 复古的，仿古的
cuir 皮革	des manches ballon 泡泡袖	moderne 现代的
tissu 织物，布		chic 时髦的
	Des motifs 花纹	avant-garde 前卫的
Des formes de cols 领型	**à +**	sportif 运动的
un col +	rayures 条纹	minimaliste 极简的
rond 圆领	carreaux 方格	bohème 波希米亚的
en V V领	pois 圆点	

La grammaire 语法

L'adjectif interrogatif *quel* 疑问形容词 quel

Vous voulez une veste de quelle couleur ?

Quel genre de veste ?

Quelle est votre taille ?

思考 :

1. 观察上列句子，写出quel的阴性单数形式：_____。

2. 根据第1题答案，猜猜quel的另外两种形式：_____、_____。

总结：

	masculin 阳性	féminin 阴性
singulier 单数	quel	quelle
pluriel 复数	quels	quelles

　　作为疑问形容词，quel在修饰名词时，要和名词性数配合；quel放在动词être前作表语时，要和作主语的名词性数配合。

规则	举例
quel + 名词	La sœur de Cécile, elle a quel âge ? 塞西尔的姐姐今年多大了？ Il préfère quelles couleurs ? 他更喜欢哪几种颜色呢？ Quel vol prennent-ils pour aller à Bordeaux ? 他们乘坐哪个航班去波尔多呢？
quel + être	Quelle est sa nationalité ? 他/她是哪国人？ Quels sont vos goûts dans la vie quotidienne ? 您平时的爱好是什么？ Quelle est votre adresse mail ? 您的邮箱地址是什么呢？

L'inversion sujet-verbe 主谓倒装

规则	举例
在书面语或雅语中，疑问句通常会颠倒主语和谓语的顺序，并在谓语和主语人称代词之间加上连字符"-"，句末读为升调。	Prenez-vous du café ? Vas-tu à la poste cet après-midi ? Mangent-ils du pain au petit déjeuner ?
注意：如果主语是il/elle，谓语又是以元音字母结尾，那么倒装的谓语和主语之间会加上"-t-"。 Va-t-elle à l'école demain ? / Aime-t-il faire du sport ?	

Les adjectifs démonstratifs 指示形容词

– Ce style, ça vous plaît ?

– En fait, cette veste est un peu...

思考 🧠 :

1. 观察上述对话中的句子，总结出指示形容词的两种形式：_____、_____。

2. 再观察下列句子，总结出指示形容词的另外两种形式：_____、_____。

   Cet été, Luc va faire un stage dans une usine de chaussures.

   Regardez ces petits sportifs ! Comme ils sont agiles !

3. 猜一猜，cet修饰的名词有什么特征呢？_____。

总结：指示形容词对所修饰的名词起限定作用，表示确指，意为"这个，这些；那个，那些"。

	masculin 阳性	féminin 阴性
singulier 单数	**ce/cet** : ce magasin, cet atelier	**cette** : cette robe, cette chemise
pluriel 复数	**ces** : ces cravates, ces rayons des vestes	

注意：cet修饰以元音开头的阳性单数名词，同时与后面的名词进行联诵，如cet acteur [sɛ-tak-tœr]、cet hôpital [sɛ-to-pital]；但以嘘音h开头的阳性单数名词，还是由ce修饰，如ce héros。

Conjugaison : *plaire, essayer, payer, attendre* à l'indicatif présent
plaire、essayer、payer、attendre 的直陈式现在时

plaire	essayer	payer	attendre
je plais	j'essaie	je paie/paye	j'attends
tu plais	tu essaies	tu paies/payes	tu attends
il/elle plaît	il/elle essaie	il/elle paie/paye	il/elle attend
nous plaisons	nous essayons	nous payons	nous attendons
vous plaisez	vous essayez	vous payez	vous attendez
ils/elles plaisent	ils/elles essaient	ils/elles paient/payent	ils/elles attendent

L'entraînement 练一练

1. Un client pas content 不开心的顾客

Complétez avec *quel, quelle, ce, cette*. 用 quel、quelle、ce、cette 填空。

Le client : Bonjour.

La vendeuse : Bonjour, monsieur.

Le client : Je voudrais _____ veste.

La vendeuse : _____ veste ?

Le client : _____ veste.

La vendeuse : _____ couleur préférez-vous ?

Le client : _____ couleur. Je voudrais aussi un pantalon.

La vendeuse : _____ genre de pantalon ?

Le client : Un jean. Et une chemise.

La vendeuse : _____ chemise ?

Le client : _____ chemise blanche. Et un tee-shirt noir. _____ tee-shirt.

La vendeuse : _____ est votre taille ?

Le client : Un petit 50.

2. Complétez les phrases avec un verbe convenable. 用合适的动词填空。

plaire	*essayer*	*payer*	*attendre*

a. Ils _____ les enfants depuis une heure.

b. Ça vous _____ cette jupe rouge ?

c. Je _____ par carte.

d. _____ un peu, s'il vous _____.

e. Voulez-vous _____ ce manteau gris ? La couleur est très sympa !

f. Vous _____ comment, madame ?

g. Il _____ ce costume noir ? Le style est très cool !

h. Nous _____ les Bonomi depuis une demi-heure.

3. Créez 4-5 questions avec *quel* d'après les deux fiches, puis répondez aux questions. 根据以下个人信息，用疑问形容词 quel 写 4~5 个问句，并回答。

Pierre

Âge : 29 ans

Profession : architecte

Nationalité : allemande

Ville : Berlin

Goûts : peinture, musique classique

Langues parlées : allemand, anglais

Situation familiale : célibataire

Anna

Âge : 31 ans

Profession : danseuse

Nationalité : chinoise

Ville : Shanghai

Goûts : lecture, musique, voyage

Langues parlées : chinois, français

Situation familiale : mariée

4. Complétez les phrases avec un adjectif démonstratif convenable. 用恰当的指示形容词填空。

a. Je prends une salade verte, j'ai un cours de gym _____ après-midi.

b. Tout le monde connaît _____ histoire d'Astérix le Gaulois.

c. Il pleut souvent _____ jours-ci.

d. Mon frère est étudiant dans _____ université.

e. Julie achète _____ tee-shirt dans le magasin près de chez Hubert.

La lecture 读一读

Femmes et vêtements

Lucine est photographe pour un magazine de sport. Dynamique et toujours occupée, elle choisit des vêtements simples et discrets : vestes et pantalons, chemisiers à rayures ou à fleurs. Elle porte toujours sur les épaules ses longs cheveux roux.

Carmen est professeur d'anglais dans un lycée. Elle est amicale et charmante. Elle adore la mode et la fantaisie. Le matin, quand elle choisit ses vêtements, elle pense à ses élèves : elle veut toujours être agréable à regarder et surtout elle recherche la joie dans son style. Ce qu'elle préfère, c'est mélanger les styles, marier les couleurs, mettre des carreaux et des rayures ensemble.

女性与服饰

露西娜是一家体育杂志的摄影师。她充满活力，总是忙忙碌碌的，她喜欢简单和低调的衣服：外套和长裤，条纹或碎花长袖衬衫。她总是把长长的红发披在肩上。

卡门是一所高中的英语教师。她为人友好，很有魅力，喜欢时尚和新奇服饰。每天早上，当她选择衣服时，她总会想到她的学生，她希望自己看起来舒服，更重要的是她希望在自己的风格中寻找快乐。她喜欢混搭风格、搭配颜色、将格纹和条纹搭在一起。

→ **Boîte à outils**

dynamique *adj.* 有活力的	mode *n.f.* 时尚
occupé, e *adj.* 忙碌的	fantaisie *n.f.* 幻想；新奇的东西
discret, ète *adj.* 谨慎的；矜持的	mélanger *v.t.* 混合
amical, e *adj.* 亲切的，和蔼的	marier *v.t.* 使融合；使和谐
charmant, e *adj.* 迷人的	

Corrigé :

Hugo chez Modesign 雨果在 Modesign 服装店

1.

a. Il va dans un magasin de vêtements pour faire du shopping. Parce qu'on peut voir des vêtements et des accessoires pour hommes sur la deuxième photo.

b. On peut repérer des affiches « soldes », ça signifie qu'il y a des réductions pour les articles du magasin.

c. Il est peut-être vendeur du magasin.

2.

a. Elle est vendeuse du magasin, elle lui propose une veste.

b. Non, il ne connaît pas bien sa taille. Sa taille est de 48.

c. Le prix est de 139 euros, c'est un peu cher pour lui.

3.

grande   chaude   chère   élégante   sympa   léger   magnifique

La grammaire 语法

1.

cette   Quelle   Cette   Quelle   Cette   Quel   Quelle   Cette   Ce   Quelle

2.

a. attendent   b. plaît   c. paie/paye   d. Attendez, plaît

e. essayer   f. payez   g. essaie   h. attendons

3.

Réponses possibles :

Q1 : Quel âge avez-vous ?   R1 : J'ai 31 ans.

Q2 : Quelle est votre profession ?   R2 : Je suis danseuse.

Q3 : Quelle est votre nationalité ?   R3 : Je suis chinoise.

Q4 : Dans quelle ville habitez-vous ?   R4 : J'habite à Shanghai.

Q5 : Quelles langues parlez-vous ?   R5 : Je parle chinois et français.

4.

a. cet   b. cette   c. ces   d. cette   e. ce

Leçon 14

Le livre de recettes 菜谱

SYLVIA GABET

ON MANGE
QUOI
CE SOIR?

80 RECETTES FAITES EN
20 MINUTES POUR
LES SOIRS DE SEMAINE

Éditions de la Martinière

Observez le document, complétez la fiche. 阅读材料，填写表格。

Titre	
Auteur	
Éditeur	
Sous-titre	

Culture/Savoir 文化点滴

Les plats préférés des Français
法国人喜欢的菜式

2. Les moules frites
淡菜配薯条

1. Le magret de canard
煎鸭脯

3. Le couscous
古斯古斯

Le couscous est un plat traditionnel originaire du Maghreb. À base de semoule de blé dur, le couscous est servi avec de la viande et un ragoût de légumes. Il peut aussi être consommé seul, chaud ou froid, comme dessert avec du sucre ou plat d'accompagnement.

古斯古斯是起源于非洲马格里布地区的一种传统食物，由硬粒小麦磨成的粗面粉制作而成。一般佐以肉类或者炖菜，也可以加糖作为甜点或者是作为配菜单独食用，冷热相宜。

Pour... 为了······

→ **Indiquer une quantité 说明数量**

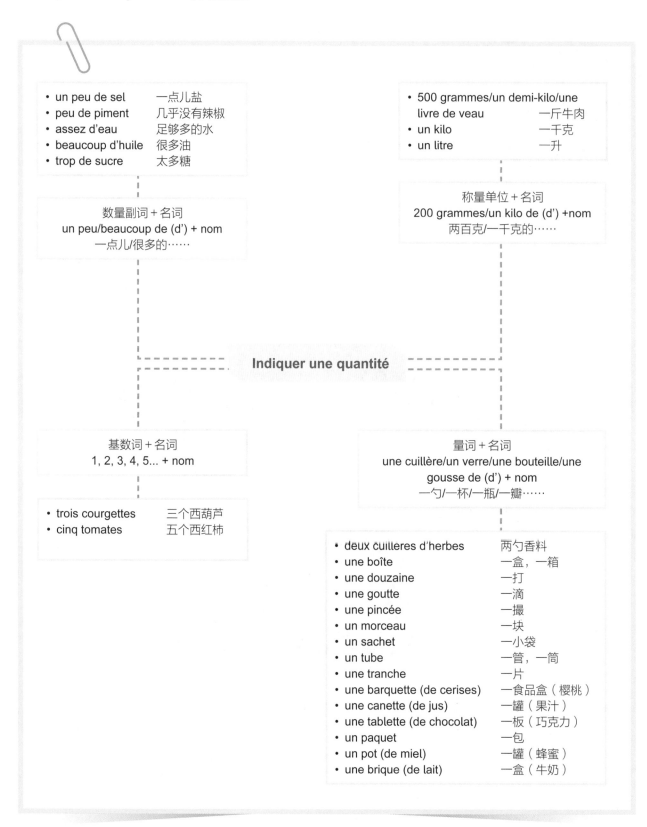

- un peu de sel   一点儿盐
- peu de piment   几乎没有辣椒
- assez d'eau   足够多的水
- beaucoup d'huile 很多油
- trop de sucre   太多糖

数量副词 + 名词
un peu/beaucoup de (d') + nom
一点儿/很多的······

- 500 grammes/un demi-kilo/une
  livre de veau   一斤牛肉
- un kilo   一千克
- un litre   一升

称量单位 + 名词
200 grammes/un kilo de (d') +nom
两百克/一千克的······

Indiquer une quantité

基数词 + 名词
1, 2, 3, 4, 5... + nom

量词 + 名词
une cuillère/un verre/une bouteille/une
gousse de (d') + nom
一勺/一杯/一瓶/一瓣······

- trois courgettes 三个西葫芦
- cinq tomates   五个西红柿

- deux cuilleres d'herbes   两勺香料
- une boîte   一盒，一箱
- une douzaine   一打
- une goutte   一滴
- une pincée   一撮
- un morceau   一块
- un sachet   一小袋
- un tube   一管，一筒
- une tranche   一片
- une barquette (de cerises) 一食品盒（樱桃）
- une canette (de jus)   一罐（果汁）
- une tablette (de chocolat) 一板（巧克力）
- un paquet   一包
- un pot (de miel)   一罐（蜂蜜）
- une brique (de lait)   一盒（牛奶）

Les mots... 主题词

Des ingrédients 配料，成分	poivre *n.m.* 胡椒；胡椒粉	assiette *n.f.* 盘子，碟子
viande *n.f.* （家禽、牲畜的）肉	piment *n.m.* 辣椒	verre *n.m.* 玻璃杯
poulet *n.m.* 鸡肉；小鸡	sucre *n.m.* 糖	tasse *n.f.* 带把儿的杯子
veau *n.m.* 小牛肉；小牛	miel *n.m.* 蜂蜜	coupe *n.f.* 高脚玻璃杯
agneau *n.m.* 小羊肉；小绵羊	confiture *n.f.* 果酱	planche *n.f.* 砧板
porc *n.m.* 猪肉；猪		
saucisse *n.f.* 小红肠，香肠	*Des ustensiles* 器皿	*Des actions* 动作
saucisson *n.m.* 大红肠，灌肠	casserole *n.f.* 有柄平底锅	casser *v.t.* 打碎
moutarde *n.f.* 芥末	couteau *n.m.* 刀	fouetter *v.t.* 搅拌，打（鸡蛋）
vinaigre *n.m.* 醋	fourchette *n.f.* 餐叉	mélanger *v.t.* 混合，搅拌
sel *n.m.* 盐	louche *n.f.* 长柄大汤勺	retourner *v.t.* 翻转，翻面

La grammaire 语法

L'impératif 命令式

Veau à la provençale

Préparation : 10 min.
Cuisson : 20 min.

Ingrédients
(pour 4 personnes) :
- 700 g de veau
- un peu d'huile
- 3 oignons
- 2 gousses d'ail
- 2 cuillères d'herbes de Provence
- 5 tomates
- 200 g de courgettes
- sel et poivre

Préparation :
- Coupez la viande en morceaux.
- Épluchez et coupez les oignons.
- Coupez les courgettes et l'ail.
- Versez l'huile dans une cocotte, faites cuire la viande et les oignons pendant 5 min.
- Ajoutez les tomates, l'ail, les herbes de Provence. Salez et poivrez. Faites cuire 5 min.
- Ajoutez les courgettes et continuez la cuisson.
- Servez chaud.

思考：
1. 阅读菜谱，观察并说出其中的动词有什么特征。
2. 观察下列命令式句子，说出其省略的主语是第几人称。

Partons ensemble à la gare !

Prends des biscuits, Léo !

Fermez la porte, s'il vous plaît !

法语中的命令式表示指令、请求、邀请等意义，动词变位形式与直陈式现在时相同。命令式句须省略主语，只出现变位动词。因为命令式常用于"面对面"的交流，所以动词只有第二人称单数、第二人称复数和第一人称复数三种变位形式。

在命令式中，第一组规则动词及动词aller的第二人称单数需要去掉词尾的-s。

Tu manges un peu de fromage ? → Mange un peu de fromage !

Tu vas au cinéma avec nous ? → Va au cinéma avec nous !

几个常用动词的命令式形式较为特殊：

être	avoir	savoir
Sois à l'heure !	Aie de la patience !	Sache rester calme !
Soyez à l'heure !	Ayez de la patience !	Sachez rester calme !
Soyons à l'heure !	Ayons de la patience !	Sachons rester calme !

命令式句子举例:

Écoutez bien !   Soyez les bienvenus !

Excusez-moi !   Ayons du courage !

Passez bien de bonnes vacances !

L'entraînement 练一练

1. **On fait la crêpe ! Lisez la recette et complétez les phrases avec les bons verbes conjugués à l'impératif ou à l'infinitif.** 一起来做可丽饼吧！读菜谱并用动词的命令式或不定式把下列句子补充完整。

   | *retourner* | *mettre* | *ajouter* | *verser* | *casser* | *fouetter* | *mélanger* | *cuire* |

   Les crêpes

   * **Ingrédients :**

   250 g de farine   ½ litre de lait

   30 g de sucre   1 pincée de sel

   4 œufs   1 cuillère d'huile

   ----

   * **Préparation :**

   a. _____ la farine, le sucre, le lait, le sel et _____ les œufs dans un saladier.

   b. _____ pour obtenir une pâte lisse et _____ l'huile.

   c. _____ l'huile dans une poêle très chaude et _____ la pâte.

   d. _____ la crêpe et faire _____.

   e. Décorez les crêpes avec des bananes, un peu de chocolat et du sucre.

2. **Que répondez-vous ? Imaginez la réponse en utilisant l'impératif.** 你会怎么回复呢？使用命令式回复下列句子。

   a. Nous avons faim.

   Réponse : _____

   b. Nous n'avons pas de chèque.

   Réponse : _____

   c. Le réfrigérateur est vide.

   Réponse : _____

   d. Mon ami espagnol est à Paris pour la soirée.

   Réponse : _____

   e. Je voudrais un dessert.

   Réponse : _____

   f. J'ai soif.

   Réponse : _____

La lecture 读一读

Recette : Tofu mapo

菜谱：麻婆豆腐

Ingrédients (6 personnes) 配料（6人份）	
1 morceau de gingembre 姜：1块	2 gousses d'ail 大蒜：2瓣
1 cuillère à soupe de pâte de soja pimentée (toban jiang) 豆瓣酱：1汤匙	1,5 cuillère à café de maïzena 玉米淀粉：1.5咖啡匙
2 oignons 洋葱：2颗	1 cuillère à soupe d'huile 油：1汤匙
2 cuillères à soupe de sauce soja 酱油：2汤匙	250 g de porc haché 猪肉末：250克
1,5 cuillère à soupe de vin de Shaoxing 黄酒：1.5汤匙	1/2 cuillère à café d'huile de sésame 芝麻油：半咖啡匙
2 cuillères à café de grains de poivre du Sichuan 花椒：2咖啡匙	750 g de tofu 豆腐：750克

Préparation : 15 min

准备：15分钟

Cuisson : 15 min

烹饪：15分钟

1 *Mettez le porc haché dans un saladier avec 2 cuillères à soupe de sauce soja, 2 cuillères à soupe de vin de Shaoxing et 1/2 cuillère à café d'huile de sésame. Mélangez délicatement.*

2 *Écrasez les grains de poivre du Sichuan grossièrement dans un mortier.*

3 *Préchauffez un wok sur feu vif et y versez l'huile. Faites revenir la viande.*

4 *Émincez les oignons, écrasez l'ail et râpez le gingembre. Faites revenir l'ensemble dans le wok. Ajoutez la pâte de soja pimentée et le poivre du Sichuan, puis remuez vivement pendant quelques secondes.*

5 *Mélangez le reste de sauce soja et de vin de Shaoxing. Versez dans le wok, portez à ébullition puis ajoutez le porc haché.*

6 *Puis ajoutez le tofu coupé en cubes. Faites cuire sur feu moyen pendant 5 minutes. Remuez délicatement afin de ne pas briser le tofu. La sauce doit réduire d'un quart.*

7 *Mélangez la maïzena avec 3 cuillères à soupe d'eau et versez-la dans la sauce. Laissez mijoter quelques minutes.*

8 *Servez bien chaud.*

1 将猪肉末放入沙拉盆，加入2汤匙酱油、2汤匙黄酒、半咖啡匙芝麻油，搅拌均匀。

2 将花椒放入钵中并研磨成粗粒。

3 猛火烧热炒锅，倒入油，煸香猪肉末。

4 将洋葱切成薄片，大蒜捣碎，姜切丝，将这些配料放入炒锅煸香。加入豆瓣酱和花椒，翻炒数秒。

5 将剩余酱油和黄酒搅匀后倒入炒锅，煮沸后加入猪肉末。

6 豆腐切块，放入锅中，中火烹煮5分钟。小心翻拌以免把豆腐搅烂。等待汁水收至3/4。

7 在玉米淀粉中加入3汤匙水，拌匀后倒入锅中勾芡。烹煮数分钟后起锅。

8 趁热装盘享用吧！

Conseil 建议

Il est possible de remplacer le porc haché par du bœuf haché.

可用牛肉末代替猪肉末。

→ Boîte à outils

gingembre *n.m.* 姜，生姜	mortier *n.m.* 臼，研钵
maïzena *n.f.* 玉米淀粉	wok *n.m.* （中国式的）炒锅
sésame *n.m.* 芝麻	râper *v.t.* 把……擦成丝儿或碎末
délicatement *adv.* 轻轻地；细致地	revenir *v.i.* 油煎，煸
écraser *v.t.* 压碎，捣碎	briser *v.t.* 打碎
grossièrement *adv.* 粗略地	réduire *v.t.* 使浓缩

Corrigé :

Le livre de recettes 菜谱

On mange quoi ce soir ?

Sylvia Gabet

Éditions de la Martinière

80 recettes faites en 20 minutes pour les soirs de semaine

La grammaire 语法

1.

a. Mélangez, cassez   b. Fouettez, ajoutez   c. Versez, mettez   d. Retournez, cuire

2.

Réponses possibles :

a. Dînez au restaurant.

b. Payez en liquide.

c. Allons au supermarché.

d. Allez boire dans un bar.

e. Essayez la mousse au chocolat.

f. Buvez de l'eau.

Leçon 15

Les courses 购物

1. Écoutez. Où les clients vont-ils pour faire les courses ? Choisissez. 听一听。这两位顾客在哪里采购？请选择。🎧₍22₎

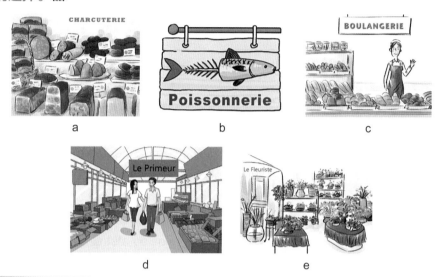

a   b   c

d   e

La cliente

Le client

2. Classez les aliments entendus en 2 colonnes. 把听到的食材分类。🎧₍22₎

Les légumes

Les fruits

Culture/Savoir 文化点滴

Le marché de Talensac 塔朗萨克市场

Le marché de Talensac est au centre de Nantes. Il date de 1937 !

Il accueille des producteurs locaux de Bretagne et de Vendée, du Val de Loire et de la région nantaise et propose, toute l'année, des produits de saison issus de leurs terroirs.

Le marché est ouvert tous les jours de l'année, de 8 h à 13 h du mardi au vendredi et de 8 h à 13 h 30 samedi et dimanche, fermé le lundi.

塔朗萨克市场位于南特市中心，始于1937年！

这里汇集了来自布列塔尼大区和旺代省、卢瓦尔河谷地区和南特地区的农户们，并且全年供应具有地方特色的时令产品。

该市场全年开放，周一闭市，周二到周五营业时间为8：00~13：00，周六、周日营业时间为8：00~13：30。

Pour... 为了……

→ Faire les courses 购物

Le client/La cliente 顾客	Je voudrais des tomates. 我想买点儿番茄。 Je veux du potiron. 我想来点儿南瓜。 Vous avez des courgettes ? 您有西葫芦卖吗？ J'aimerais des cerises. 我想买点儿樱桃。 Il me faut des haricots verts. 我需要买点儿四季豆。
Le marchand/La marchande 商贩	Et avec ça ? 还要什么吗？ Ce sera tout ? 就要这些吗？ Vous voulez encore des bananes ? 要再来点儿香蕉吗？ C'est à qui ? 轮到谁了？

Les mots... 主题词

Des magasins 商店
fleuriste *n.* 花商，卖花人
boulangerie *n.f.* 面包店
boulanger, boulangère *n.* 面包师
 傅；面包店店主
boucherie *n.f.* 肉店
boucher, bouchère *n.* 肉店老板；
 屠夫
pâtisserie *n.f.* 糕点店
pâtissier, pâtissière *n.* 糕点商；糕点
 师傅
traiteur *n.m.* 熟食店；熟食店商
charcuterie *n.f.* 猪肉食品店
charcutier, charcutière *n.* 猪肉商
poissonnerie *n.f.* 水产店
poissonnier, poissonnière *n.* 水产商

fromagerie *n.f.* 干酪商店
fromager, fromagère *n.* 制作或出售
 干酪的人
épicerie *n.f.* 食品杂货店
épicier, épicière *n.* 食品杂货商

Du marché 市场
brocoli *n.m.* 西兰花
chou-fleur *n.m.* 花椰菜，花菜
champignon *n.m.* 蘑菇
aubergine *n.f.* 茄子
concombre *n.m.* 黄瓜
potiron *n.m.* 大南瓜
gingembre *n.m.* 姜
mandarine *n.f.* 橘子

pamplemousse *n.m./n.f.* 柚子；
 葡萄柚
pomme *n.f.* 苹果
poire *n.f.* 梨
pêche *n.f.* 桃子
kiwi *n.m.* 猕猴桃
cerise *n.f.* 樱桃
pastèque *n.f.* 西瓜
ananas *n.m.* 菠萝，凤梨
omelette *n.f.* 煎蛋
fromage *n.m.* 奶酪
biscuit *n.m.* 饼干
café *n.m.* 咖啡
thé *n.m.* 茶
jus d'orange 橙汁

La grammaire 语法

Les articles partitifs 部分冠词

思考🧠：请观察下列句子中的冠词，它们表达的是准确的数量吗？

Bonjour monsieur, je voudrais du thé.

Vous avez de la salade ?

Je veux du potiron.

Bon, maintenant, du fromage...

总结：部分冠词用于表示人或物的具体名词以及某些表示概念的抽象名词前，表示不确定的数量，意为
 "一点儿，一些"。

阳性单数	阴性单数	复数
du vin	**de la** charcuterie	**des** fruits, **des** légumes
de l'agneau	**de l'**eau	

♡ 部分冠词在以元音开头的单数名词前需要省音，变为de l'。

♡ 在否定句中，如果部分冠词修饰直接宾语，部分冠词变为de。

– Vous prenez du vin ?

– Non, je ne prends pas de vin, je prends de l'eau.

Il n'y a pas de tomates à la maison. Va acheter deux kilos de tomates !

Elle ne mange pas de riz le soir. Elle est au régime.

Les présentatifs 介绍性句型

以下三种常用句型可表示引入和介绍：

C'est/Voilà 这，这是	Ça 这个，这些	Il y a 有
C'est à moi !	Avec **ça** ?	
Voilà des pommes.	**Ça** fait combien ?	À Paris, **il y a** le fleuve, les quais...
C'est super !	**Ça** vous plaît ?	

L'entraînement 练一练

1. **Complétez avec les articles partitifs** *du, de la, de l'* **ou** *des*. 用部分冠词 du、de la、de l'、des 填空。

   a. Vous voulez acheter _____ viande ou _____ poisson ?

   b. Je vais faire des frites, il y a encore _____ pommes de terre dans le frigo.

   c. Comme boisson, nous avons encore _____ vin rouge, _____ bière et _____ eau minérale.

   d. Dans la salade, on doit mettre _____ haricots verts, _____ thon et _____ huile d'olive.

   e. Comme dessert, ils prennent _____ glace et _____ gâteau au chocolat.

2. **Complétez avec les articles** *du, de la, de l', des, un, une, de (d'), le, la* **ou** *les*. 用冠词 du、de la、de l'、des、un、une、de (d')、le、la、les 填空。

   Serveur : Madame, monsieur, qu'est-ce que vous prenez ?

   Vincent : J'aime _____ poisson, mais je ne mange pas _____ thon. Je prends alors _____ poulet. Je ne veux pas _____ entrée. Comme dessert, _____ tarte au citron pour moi.

   Lisa : Moi, j'adore _____ viande. Je prends _____ bœuf. Comme entrée, _____ salade verte et pour finir, je voudrais _____ glace et _____ café.

   Serveur : Vous buvez quelque chose ?

   Vincent : Eh... _____ bière et _____ jus d'orange.

3. Qu'est-ce qu'il y a dans les réfrigérateurs de ces trois personnes ? Qu'est-ce qu'il n'y a pas ?
   Imaginez les aliments dans chaque réfrigérateur en utilisant les articles partitifs. 冰箱里有
   什么？没有什么？猜猜每个人冰箱里的食物，并用上部分冠词。

a   b   c

La lecture 读一读

Les 5 marchés connus de Paris

Découvrez l'ambiance conviviale de Paris à travers ses marchés !

- **Le marché des enfants rouges**

Le marché des enfants rouges est un marché ancien de Paris. Il a été créé en 1629. Ce marché propose des aliments, des produits du terroir et de la cuisine du monde.

- **Le marché de Bastille**

Le marché de Bastille est un marché bien animé de Paris. Beaucoup de produits régionaux sont vendus ici. Fromages, saucissons, vin, miel... La qualité est excellente !

- **Le marché de Belleville**

C'est un marché cosmopolite. Vous retrouvez ici des produits avec un très bon rapport qualité-prix. Les produits alimentaires de ce marché viennent de tous les continents.

- **Le marché Raspail**

Le marché Raspail est un marché bio de Paris. Les produits vendus dans ce marché sont un peu plus chers mais d'origine biologique.

- **Le marché de Barbès**

Ce marché est très populaire. Les gens sont rassemblés ici. Ils viennent des quatre coins du monde. À vous de choisir des fruits et des légumes dans ce grand marché coloré.

巴黎五大著名集市

在集市里感受巴黎的好客氛围吧!

・红孩儿市场

红孩儿市场是巴黎一个古老的市场，建立于1629年。这个市场出售食品、地方特产以及来自全球的美食。

・巴士底市场

巴士底市场是巴黎一个非常热闹的市场。许多地方产品都在这里贩卖：奶酪、香肠、红酒、蜂蜜……品质卓越!

・美丽城市场

在这个全球性的市场里，您可以找到各类性价比超高的产品。这里售卖的食品来自世界各地。

・拉斯帕伊市场

拉斯帕伊市场是巴黎的一个有机市场。这个市场的物价稍微高一些，但是均为有机食品。

・巴尔贝斯市场

这个市场的人气很高，来自五湖四海的人们汇聚于此。在这个色彩缤纷的市场里，各类水果和蔬菜任由您挑选。

→ **Boîte à outils**

convivial, e *adj.* 好交际的，友善的	cosmopolite *adj.* 世界性的，国际性的
à travers *loc.prép.* 通过	biologique *adj.* 有机的，天然的
terroir *n.m.* 田地，土地	rassembler *v.i.* 聚集，集合

Corrigé :

Les courses 采购

1.

La cliente : d ; Le client : d

2.

Les légumes : tomates, salade, carottes, courgettes, potiron, oignons, poireaux, haricots verts, pommes de terre.

Les fruits : poires, pommes, cerises.

La grammaire 语法

1.

a. de la, du   b. des   c. du, de la, de l'   d. des, du, de l'   e. de la, du

2.

le   de   du   d'   une   la   du   une   une   un   Une   un

3.

Réponses possibles :

a. Il y a des gâteaux, des biscuits, des chips, du coca et de la glace. Il n'y a pas de légumes ni de fruits.

b. Il y a des œufs, du lait, du yaourt, des légumes, des fruits et de l'eau minérale, il n'y a pas de gâteau ni de chocolat.

c. Il y a du poulet, du poisson, du lait, des œufs et des légumes, il n'y a pas de chips ni de coca.

Leçon 16 ▏

Et en Chine ? 中国之韵

→ **Et vous ? 你呢?**

Réfléchissez et répondez. 想一想,答一答。
En Chine, qu'est-ce que vous mangez chaque jour ?
Savez-vous comment on peut bien manger en Chine ?

→ **Pour la santé 健康第一**

Observez les deux pyramides et dites ce que vous mangez et si vous mangez bien.
观察两座膳食塔,说说你都吃些什么以及你吃得好不好。

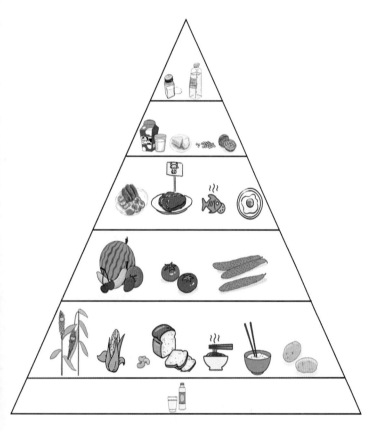

La pyramide alimentaire des Chinois (2022)		中国膳食宝塔 (2022)	
sel	< 5 g	盐	< 5克
huile	25-30 g	油	25~30克
lait et produits laitiers	300-500 g	奶及奶制品	300~500克
produits à base de soja et fruits à coque	25-30 g	大豆及坚果类	25~30克
aliments d'origine animale	120-200 g	动物性食物	120~200克
– min. deux fois de produits aquatiques par semaine		– 每周至少2次水产品	
– un œuf par jour		– 每天1个鸡蛋	
légumes	300-500 g	蔬菜类	300~500克
fruits	200-350 g	水果类	200~350克
céréales et dérives	200-300 g	谷类	200~300克
– produits céréales complets et haricots divers	50-150 g	– 全谷物和杂豆	50~150克
pommes de terre ou patates	50-100 g	薯类	50~100克
eau	1 500-1 700 ml	水	1500~1700毫升
Activité : 6 000 pas par jour		每天活动6000步	

(数据来源:中国营养协会)

La pyramide alimentaire des français

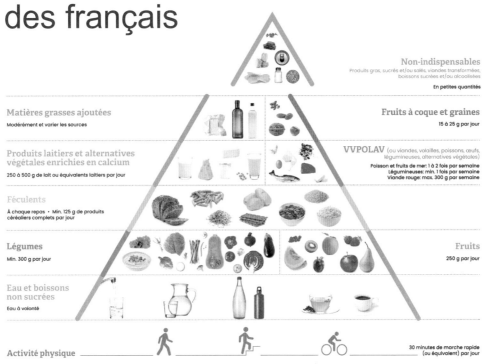

Non-indispensables
Produits gras, sucrés et/ou salés, viandes transformées, boissons sucrées et/ou alcoolisées

En petites quantités

Matières grasses ajoutées
Modérément et varier les sources

Fruits à coque et graines
15 à 25 g par jour

Produits laitiers et alternatives végétales enrichies en calcium
250 à 500 g de lait ou équivalents laitiers par jour

VVPOLAV (ou viandes, volailles, poissons, œufs, légumineuses, alternatives végétales)
Poisson et fruits de mer: 1 à 2 fois par semaine
Légumineuses: min. 1 fois par semaine
Viande rouge: max. 300 g par semaine

Féculents
À chaque repas • Min. 125 g de produits céréaliers complets par jour

Légumes
Min. 300 g par jour

Fruits
250 g par jour

Eau et boissons non sucrées
Eau à volonté

Activité physique
30 minutes de marche rapide (ou équivalent) par jour

法国膳食宝塔

非必需品
脂肪、糖类和/或腌制食品，加工肉制品
含糖饮品和/或酒精类饮品

少量摄入

脂肪
适度摄入，来源多样化

坚果类
每天摄入15~20克

乳制品及富含钙的植物性替代品
每天摄入250~500克牛奶或乳制品

禽肉类、水产品、蛋类、豆类、植物性替代品
水产品：每周1~2次
豆类：每周至少1次
红肉类：每周至少300克

淀粉
每餐食用，每天至少摄入125克全谷物

蔬菜
每天至少摄入300克

水果
每天250克

水和不含糖的饮料
按需饮水

体育活动
每天快走30分钟
或同等强度的其他运动

（数据来源：Food in action）

→ **Programme alimentaire**

Créez votre plan alimentaire idéald' une journée selon vos besoins !
根据你的需求制定一天的完美饮食计划吧!

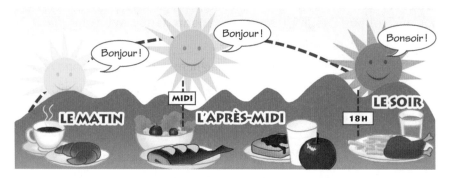

Corrigé :

Programme alimentaire

Réponse possible :

Petit déjeuner : du pain à la vapeur, du lait, un œuf

Fruits : une pomme

Déjeuner : du riz, des légumes sautés, du bœuf braisé

Dîner : du riz, des légumes cuits à l'eau, du poulet grillé

Leçon 17

Pour... 为了……

→ Faire un commentaire positif/négatif 做出正面/负面评价

C'est une histoire géniale. 这是个绝妙的故事。 ≠ C'est une histoire médiocre. 这是个乏味的故事。
C'est un succès. 这很成功。 ≠ C'est un échec. 这很失败。
C'est plein de talent. 太有才了。 C'est un chef-d'œuvre. 这是部杰作。
C'est impressionnant/exceptionnel/passionnant/admirable/super/merveilleux/émouvant/touchant. 这令人印象深刻/太赞了/引人入胜/令人赞叹/太妙了/令人惊叹/动人心弦/令人感动。
C'est décevant. 这令人失望。

→ Parler de nos goûts 谈论喜好

Je suis fou/folle de cinéma. 我对电影很入迷。
J'aime. 我喜欢。
Je n'aime pas. 我不喜欢。　　Je n'aime pas trop. 我不太喜欢。
Je ne supporte pas. 我受不了。　　Je déteste. 我讨厌。

J'adore danser/la danse. 我热爱跳舞。
J'aime bien/beaucoup. 我很喜欢。
Je n'aime pas du tout. 我一点儿也不喜欢。
J'ai horreur des ails. 我厌恶大蒜。

→ Situer une action dans le futur 确定未来的动作行为

On va boire un verre ? 我们去喝一杯吧?
Tu vas voir, c'est sympa. 你到时候瞧吧，那是个很舒服的地方。

Les mots... 主题词

→ Du cinéma 电影

Du cinéma 电影

Les films 电影
- le septième art — 第七艺术（电影）
- le grand écran — 大银幕
- cinéphile — 电影爱好者
- un long-métrage — 长片
- un court-métrage — 短片
- les nouveaux films — 新电影
- les vieux films — 老电影
- réalisateur, trice — 导演
- un metteur en scène — 导演
- acteur, trice — 演员
- comédien, ne — 演员；喜剧演员
- un scénario — 剧本
- une adaptation — 改编
- producteur, trice — 制片人
- un casting — 选角
- une bande-annonce — 电影预告片
- une séance — 场次

Les genres 类型
- une comédie — 喜剧片
- un drame — 剧情片
- le film d'aventure — 冒险片
- le film historique — 历史片
- le film policier — 警匪片
- le film d'action — 动作片
- le film de science-fiction — 科幻片
- le film d'horreur/d'épouvante — 恐怖片
- le film d'animation — 动画片

Dans la salle 在影厅里
- l'écran — 屏幕
- le générique — 片头/片尾字幕
- le fauteuil — 座椅
- des rangées numérotées — 有编号的座位排
- spectateur, trice — 观众
- une entrée — 入场券，门票
- une place — 位置，座位

→ **Des loisirs et Des activités quotidiennes 娱乐休闲与日常活动**

```
┌─────────────────────────────────────────────────────────────────┐
│                   ┌ ─ ─ ─  Des activités  活动  ─ ─ ─ ┐             │
```

Des loisirs 娱乐

• aller au cinéma	去电影院
• aller voir un film	去看电影
• faire du jardinage	在花园里整理、修剪
• faire du théâtre	演戏剧
• regarder la télé	看电视
• écouter de la musique	听音乐
• lire un livre	读书
• danser	跳舞
• surfer sur Internet	上网冲浪
• tchatter	聊天
• se promener	散步
• boire un verre	喝酒

Des activités quotidiennes 日常活动

• se lever	起床
• se coucher	睡觉
• se réveiller	醒来
• s'habiller	穿衣服
• se doucher	洗淋浴
• se maquiller	化妆
• se raser	刮胡子
• prendre son petit-déjeuner	吃早餐
• déjeuner	吃午餐
• dîner	吃晚餐

La grammaire 语法

La réponse à une question négative 否定疑问句的回答

思考 :

观察下面的对话，并给出结论：

在对一个否定的疑问句作肯定答复时，我们用＿＿＿＿代替＿＿＿＿。

– Tu n'aimes pas les films d'action ?

– Si, mais je préfère les films français.

总结: 在回答否定形式的一般疑问句时，我们用si代替oui作肯定的回答。

– Sylvie ne va pas à la bibliothèque avec ses amis ?

– Si, elle va à la bibliothèque avec ses amis.

– Vous ne voulez pas accepter son invitation ?

– Si, je veux accepter son invitation.

注意: 如果是对否定疑问句作否定的回答，则还是使用non。

试比较：

– Tu as un peu froid ?　　　　　　– Oui, j'ai un peu froid. / Non, je n'ai pas froid.

– Tu n'as pas l'adresse de Louis ?　– Si, j'ai son adresse. / Non, je n'ai pas son adresse.

Le futur proche 最近将来时

思考 : 观察下列句子，它们的动词结构都是 "＿＿＿＿ + ＿＿＿＿"。

On va boire un verre ?

Tu vas voir, c'est sympa.

Et après, on va voir *Intouchable* à la séance de 22 heures ?

总结：直陈式最近将来时表示在较近的将来会发生的动作，由 "aller + 动词不定式" 构成，其中aller为助动词，按照直陈式现在时进行变位。以boire的最近将来时变位为例：

肯定句		否定句	
Je vais boire...	Tu vas boire...	Je ne vais pas boire...	Tu ne vas pas boire...
Il va boire...	Elle va boire...	Il ne va pas boire...	Elle ne va pas boire...
Nous allons boire...	Vous allez boire...	Nous n'allons pas boire...	Vous n'allez pas boire...
Ils vont boire...	Elles vont boire...	Ils ne vont pas boire...	Elles ne vont pas boire...

例：Il ne va pas me téléphoner ce soir.

　　Nous allons voir une exposition cet après-midi.

　　Qu'est-ce que vous allez faire ce week-end ?

Les verbes pronominaux 代词式动词

Demain, je me lève tôt.

On se promène, on va boire un verre ?

思考：请阅读上面的两个句子，并观察标为蓝色的两个动词，说出它们的共同特征：由 "＿＿＿＿ + ＿＿＿＿" 构成。它们和一般的动词有什么区别呢？

总结：代词式动词是一类特殊的动词，由 "se + verbe" 组成，其中se为自反代词，会随着主语人称的变化而发生相应的变化。

以se lever、se promener的直陈式现在时变位为例：

se lever		se promener	
je	**me** lève	je	**me** promène
tu	**te** lèves	tu	**te** promènes
il/elle	**se** lève	il/elle	**se** promène
nous	**nous** levons	nous	**nous** promenons
vous	**vous** levez	vous	**vous** promenez
ils/elles	**se** lèvent	ils/elles	**se** promènent

1. 部分代词式动词可以表达自反意义，即动作作用于主语本身，这种自反意义通过自反代词来实现，比如se réveiller（睡醒）、se laver（洗澡）、se coucher（睡觉）、s'habiller（穿衣服）、se promener（散步）⋯⋯
试比较：

Fanny se réveille tôt le matin, puis elle se lave et s'habille très vite.

Silvine réveille son fils à 8 heures, elle l'habille très vite.

2. 部分代词式动词可以表达相互意义，即动作作用于主语之间，此时的主语为复数或者是表示复数概念的人称代词on，常见动词有se téléphoner（相互通话）、s'aimer（相爱）、se parler（交谈）⋯⋯

Dans un concert classique, on se parle à voix basse.

Il habite loin de chez ses parents, donc ils ne se voient pas très souvent.

L'entraînement 练一练

1. Répondez aux questions avec *non* ou *si*. 用 non 或 si 回答下面的问句。

    a. Tu n'aimes pas les croissants ? (si)

    b. Vous ne parlez pas espagnol ? (non)

    c. Il ne fait pas beau aujourd'hui ? (si)

    d. Tu n'as pas de frères ou sœurs ? (si)

    e. Vous ne travaillez pas demain ? (non)

    f. Elle n'aime pas le chocolat ? (si)

    g. Tu ne veux pas aller au cinéma ce soir ? (non)

    h. Tu ne veux pas essayer ce nouveau jeu vidéo ? (si)

2. Complétez les phrases en conjuguant les verbes entre parenthèses au futur proche. 将括号中的动词变为最近将来时，把句子补充完整。

    a. Demain, je (aller) _____ au cinéma.

    b. Nous (manger) _____ au restaurant ce soir.

    c. Tu (étudier) _____ pour l'examen demain.

    d. Elle (acheter) _____ des fruits au marché.

    e. Vous (regarder) _____ un film ce week-end.

3. Transformez les phrases au présent en utilisant le futur proche. 将下列句子的时态转换为最近将来时。

    a. Je lis un livre. → Je _____ un livre.

    b. Ils mangent au restaurant. → Ils _____ au restaurant.

    c. Elle parle avec son ami. → Elle _____ avec son ami.

    d. Nous regardons un film. → Nous _____ un film.

    e. Tu joues au football. → Tu _____ au football.

4. Conjuguez les verbes pronominaux entre parenthèses au présent. 将括号里的代词式动词变为直陈式现在时。

    a. Elle (se réveiller) _____ tôt tous les matins.

    b. Nous (se laver) _____ les mains avant de manger.

    c. Tu (se préparer) _____ pour la fête ce soir.

    d. Ils (se promener) _____ dans le parc tous les weekends.

    e. Je (se sentir) _____ fatigué après cette journée.

5. Choisissez le bon verbe pour compléter les phrases. 选择合适的动词把下列句子补充完整。

    a. Elle (se maquille/maquille) avant la soirée.

    b. Ils (se couchent/couchent) tard tous les soirs.

    c. Vous (vous peignez/peignez) les cheveux avec soin.

    d. Nous (nous rencontrons/rencontrons) nos amis au café.

    e. Il (se blesse/blesse) quand il joue au sport.

La lecture 读一读

Les loisirs préférés par les jeunes chinois

Qu'est-ce que les jeunes chinois aiment faire quand ils sont libres ?

• *Surfer sur Internet*

Aujourd'hui, l'Internet est de plus en plus important dans la vie des jeunes chinois. On peut tout faire en ligne. Chercher des informations, faire des achats ou jouer aux jeux vidéo.

• *Aller au cinéma*

Voir un film est un des loisirs préférés par les jeunes chinois. Le week-end, manger avec des amis dans un bon restaurant, faire du shopping, et puis voir un film au cinéma, c'est super !

• *Faire du shopping*

Beaucoup de jeunes chinois aiment faire du shopping, surtout pour les filles. On est très content même si on fait du lèche-vitrines.

• *Lire un livre*

Bien sûr, certains jeunes chinois n'aiment pas sortir pendant leur temps libre. Ils préfèrent s'installer dans leur canapé avec un bon livre. La lecture les mène à un autre monde.

中国年轻人喜爱的休闲方式

现在的中国年轻人在闲暇时都爱做些什么呢？

• 上网冲浪

现在，网络在年轻人的生活中扮演着越来越重要的角色。无论是查资料、购物还是玩电子游戏，一切都可以在网上实现。

• 看电影

看电影是最受年轻人喜爱的休闲方式。周末约上朋友去一家美味的餐馆吃饭，一起逛街，再看上一场电影，简直太棒了！

• 购物

许多年轻人都喜欢逛街购物，尤其是女孩子。即使不买，哪怕是闲逛看橱窗，也能让人心情大好。

• 阅读

当然，也会有一些年轻男女，他们在空闲时不爱出门，就喜欢窝在自家的沙发里，捧上一本好书，阅读会带领他们进入另一个世界。

→ **Boîte à outils**

de plus en plus *loc.adv.* 越来越……
jeux vidéo *n.m.pl.* 电子游戏
faire du lèche-vitrines *loc.verb.* 逛马路看橱窗

Corrigé :

La grammaire 语法

1.

a. Si, j'aime les croissants.

b. Non, je/nous ne parle/parlons pas espagnol.

c. Si, il fait beau aujourd'hui.

d. Si, j'ai un frère/j'ai des frères et sœurs.

e. Non, je/nous ne travaille/travaillons pas demain.

f. Si, elle aime le chocolat.

g. Non, je ne veux pas aller au cinéma ce soir.

h. Si, je veux essayer ce nouveau jeu vidéo.

2.

a. vais aller　　b. allons manger　　c. vas étudier　　d. va acheter　　e. allez regarder

3.

a. vais lire　　b. vont manger　　c. va parler　　d. allons regarder　　e. vas jouer

4.

a. se réveille　　b. nous lavons　　c. te prépares　　d. se promènent　　e. me sens

5.

a. se maquille　　b. se couchent　　c. vous peignez　　d. rencontrons　　e. se blesse

Leçon 18 |

Pour... 为了……

→ Décrire quelqu'un 描写人物

Il est passionné et dévoué, c'est un enseignant exceptionnel. Il a 35 ans. Il a les cheveux bruns et soigneusement peignés.
他充满热情且尽职敬业，是一名优秀的教师。他35岁。他有一头梳理整齐的棕色头发。

Les mots... 主题词

→ De la description physique 外貌描写

avoir
- les cheveux bruns/blonds/châtains/gris/blancs/noirs/longs/courts/frisés
  棕色的/金色的/褐色的/灰色的/白色的/黑色的/长的/短的/卷的头发
- les yeux clairs/bleus/gris/marron
  明亮的/蓝色的/灰色的/栗色的眼睛
- la peau mate/bronzée
  暗色的/古铜色的皮肤

→ Du corps 身体

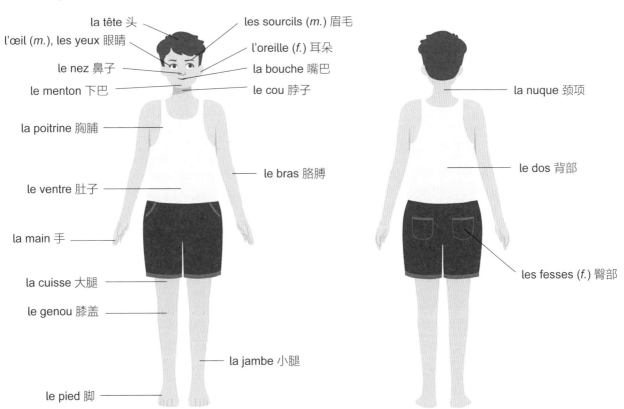

la tête 头
les sourcils (m.) 眉毛
l'œil (m.), les yeux 眼睛
l'oreille (f.) 耳朵
le nez 鼻子
la bouche 嘴巴
le menton 下巴
le cou 脖子
la nuque 颈项
la poitrine 胸脯
le bras 胳膊
le dos 背部
le ventre 肚子
la main 手
les fesses (f.) 臀部
la cuisse 大腿
le genou 膝盖
la jambe 小腿
le pied 脚

→ **Du caractère 性格**

être
- sympathique (sympa) ≠ antipathique
- courageux, euse ≠ timide
- modeste ≠ arrogant, e
- optimiste ≠ pessimiste
- nerveux, euse
- énervé, e
- vaniteux, euse
- curieux, euse
- indifférent, e
- jaloux, se
- bavard, e

给人好感的 ≠ 令人反感的，讨厌的
勇敢的 ≠ 胆小的
谦虚的 ≠ 傲慢的，狂妄自大的
乐观的，积极的 ≠ 悲观的
紧张不安的
神经质的；恼火的
爱慕虚荣的；自大的
好奇的
冷淡的
嫉妒的
健谈的

La grammaire 语法

Place et accord de l'adjectif 形容词的位置和性数配合

1. 形容词的位置

C'est un jeune acteur.

C'est un homme joyeux, agréable et sérieux.

试比较这两个句子，形容词是放在同一位置的吗？

语法规则：
- 形容词用作名词的修饰语，一般位于所修饰的名词之后。

    un enfant solitaire　　　des artistes amusants

    des plats délicieux　　　deux langues étrangères

- 某些常用的单音节或双音节形容词通常放在名词之前，如bon、beau、gros、vieux、mauvais、petit、grand、joli、jeune等。

    un bon restaurant　　　une petite rue

    une bonne idée　　　un vieux monsieur

注意： 表示颜色和国籍的形容词，须放在名词后。

des pantalons noirs　　　une marque française

une voiture allemande　　　une étudiante blonde

2. 形容词的性数配合

Marion est une bonne actrice. Elle est grande et brune.

请观察句子中的形容词，说说你发现的规律：＿＿＿＿＿＿＿＿＿＿＿＿＿＿＿＿＿＿＿＿＿。

语法规则：

品质形容词应与所修饰的名词保持性数一致。

1. 形容词阳性 ➡ 阴性的变化规则

大部分形容词	+ e（e不发音，但会使它前面的辅音字母发音）	petit - petite souriant - souriante
部分形容词	双写词末辅音字母 + e	bon - bonne gentil - gentille gros - grosse
以字母e结尾的形容词	不变	bête, sympathique

2. 形容词单数 ➡ 复数的变化规则

大部分形容词	+ s	petit - petits souriant - souriants
以-s、-x结尾的形容词	不变	chinois - chinois lumineux - lumineux
以-eau结尾的形容词	+ x	nouveau - nouveaux beau - beaux

3. 几个词形变化特殊的形容词

单数			复数	
阳性原形	阳性（用于以元音开头的单数阳性名词前）	阴性	阳性	阴性
vieux	vieil	vieille	vieux	vieilles
nouveau	nouvel	nouvelle	nouveaux	nouvelles
beau	bel	belle	beaux	belles

例子：

– Tu connais Simon ?

– Oui, c'est un vieil ami.

Il loue un nouvel appartement au centre-ville.

Nous réservons une chambre dans ce bel hôtel.

Les belles photos de Paris sont à Lucas.

Il y a beaucoup de vieilles maisons dans cette ville.

Les adjectifs possessifs au pluriel 复数形式的主有形容词

主有形容词有6种复数形式：

mes, tes, ses	nos, vos, leurs
mes personnalités préférées	nos examens
tes amis	vos jardins
ses enfants	leurs livres

注意：主有形容词的复数形式没有阴阳性之分。

结合之前学过的主有形容词的单数形式，我们来复习一下：

阳性单数	阴性单数	复数
mon cousin	**ma** cousine	**mes** cousins
ton courriel	**ta** copine	**tes** lettres
son paquet	**sa** photo	**ses** amis
votre profession		**vos** enfants
notre université		**nos** souvenirs
leur adresse		**leurs** professeurs

L'entraînement 练一练

1. **Complétez les phrases en accordant correctement l'adjectif en genre (masculin/féminin) et en nombre (singulier/pluriel).** 将括号里的形容词进行正确的性数配合。

   a. Les fleurs sont _____ (joli) dans ce jardin.

   b. Ce petit chien est très _____ (intelligent).

   c. Elle a préparé des légumes _____ (délicieux).

   d. Il a acheté des billets pour le concert _____ (populaire).

   e. Les enfants sont très _____ (content) après la fête.

   f. Cette chanson est vraiment _____ (émouvant).

   g. Je vois de magnifiques fleurs _____ (coloré) dans le jardin.

   h. Mon ami a une collection impressionnante de voitures _____ (ancien).

2. **Réorganisez les mots en plaçant et accordant correctement l'adjectif.** 将下列词语进行排序，形容词作必要的性数配合。

   a. voiture/luxueux/une/beau

   b. maison/vieux/une/charmant

   c. homme/jeune/un/dynamique

   d. ville/grand/une/animé

   e. montagne/haut/une/majestueux

3. **Complétez les phrases en choisissant le bon adjectif possessif.** 选择合适的主有形容词，把句子补充完整。

   a. Voici (notre/nos) amis qui viennent nous rendre visite ce week-end.

   b. (Mon/Mes) parents préparent un dîner spécial pour mon anniversaire.

   c. J'aime bien (votre/vos) idée pour le projet.

   d. Les enfants jouent avec (leurs/ses) jouets dans le jardin.

   e. (Votre/Tes) opinions sont importantes pour nous, merci de les partager.

   f. Nous avons réservé une table pour (nos/mes) invités ce soir.

   g. (Notre/Leurs) livres sont sur l'étagère à côté de la fenêtre.

   h. Les étudiants ont apporté (leurs/nos) cahiers pour la leçon.

La lecture 读一读

Qui est-ce ?

C'est un metteur en scène chinois célèbre. Il est sérieux et modeste. Il réalise beaucoup de films. Judou (1990), Épouses et Concubines (1991) et Héros (2002) sont nominés pour l'Oscar du meilleur film en langue étrangère. De plus, il est aussi réalisateur du spectacle de la cérémonie d'ouverture des Jeux olympiques d'été de 2008 à Beijing.

Qui est-ce ? C'est _____ .

这是谁?

这是一名著名的中国导演。他严肃认真又虚心谦逊。他执导过许多电影。其中,《菊豆》（1990）、《大红灯笼高高挂》（1991）和《英雄》（2002）被提名奥斯卡金像奖最佳外语片奖。另外,他还是2008年北京夏季奥林匹克运动会开幕式的总导演。

这是谁呢? 这就是_____。

→ **Boîte à outils**

nominer *v.t.* 提名
cérémonie d'ouverture 开幕式
Jeux olympiques 奥林匹克运动会

Corrigé :

La grammaire 语法

1.

a. jolies   b. intelligent   c. délicieux   d. populaire
e. contents   f. émouvante   g. colorées   h. anciennes

2.

a. une belle voiture luxueuse
b. une vieille maison charmante
c. un jeune homme dynamique
d. une grande ville animée
e. une haute montagne majestueuse

3.

a. nos   b. Mes   c. votre   d. leurs   e. Tes   f. nos   g. Leurs   h. leurs

La lecture 读一读

Zhang Yimou
张艺谋

Leçon 19

Pour... 为了……

→ Situer dans le temps 确定时间

En 2005, les premiers réseaux sociaux ont commencé à être populaires. **Après 12 ans, en 2017**, les smartphones sont devenus courants et ont changé la façon dont nous utilisons la technologie.

À la fin des années 2010, la réalité virtuelle a commencé à attirer l'attention. C'était comme entrer dans un autre monde avec un ordinateur.

Avec l'émergence de la nouvelle ère de technologie, **d'abord**, les gens se sont connectés en ligne pour parler avec des amis. **Puis**, les voitures électriques sont devenues plus visibles. **Enfin**, les lunettes spéciales ont été inventées. Elles montrent des images virtuelles qui se mélangent avec ce que nous voyons vraiment.

2005年，第一批社交网络开始流行。**12年后的2017年**，智能手机已经变得很普遍，并且改变了我们使用技术的方式。

20世纪10年代末，虚拟现实技术（VR）开始引起关注。通过电脑，人们如同进入了另一个世界。

随着技术新纪元的开启，**首先**，人们开始通过网络跟朋友们聊天，**后来**，电动汽车引起了更多关注，**最后**，人们发明了特殊的眼镜，它可以显示和现实场景相融合的虚拟图像。

Les mots... 主题词

→ De la relation amoureuse 恋爱关系

un coup de foudre 一见钟情	tendresse *n.f.* 温柔
passion *n.f.* 激情	intimité *n.f.* 亲密
romantisme *n.m.* 浪漫主义	une lettre d'amour 情书
émotion *n.f.* 感情	promesse *n.f.* 承诺

La grammaire 语法

Le passé composé (1) 复合过去时（1）

En 1995, Emma est devenue professeure de français.

Rodolphe a quitté la France.

思考：请观察这几句话中的动词，说说动词的结构有什么特点：

_____。

总结：直陈式复合过去时用来表达在过去发生并结束的动作或状态，强调"已完成"，由"助动词avoir/être的直陈式现在时 + 相关动词的过去分词"构成。

Il a passé son enfance dans la maison de ses grands-parents à la campagne. 他在乡下的祖父母家度过了童年时光。

Tu as bien révisé tes leçons ? 你认真复习课文了吗？

Elle a lu beaucoup de romans d'amour le mois dernier. 她上个月看了好多本爱情小说。

L'auxiliaire du passé composé 复合过去时中的助动词

相关动词	助动词	举例
大部分动词	以avoir作助动词	J'ai mangé. Il a acheté.
部分不及物动词： venir, devenir, aller, rentrer, rester, arriver, partir, entrer, sortir, monter, descendre, passer, tomber, naître, mourir...	以être作助动词 （动词的过去分词要和主语进行性数配合）	Elle est allée. Ils sont arrivés. Elles sont parties.

Le participe passé du passé composé 复合过去时中的过去分词

相关动词	变过去分词的一般规律	举例
第一组动词	词尾-er变为-é	travailler - travaillé, manger - mangé
第二组动词	词尾-ir变为-i	réussir - réussi, finir - fini, grandir - grandi
第三组动词	无统一规则，但词尾大都变为-i、-is、-it或-u	sentir - senti, prendre - pris, dire - dit, courir - couru

部分常用第三组不规则动词的过去分词列表

不定式	过去分词	不定式	过去分词
être	été	avoir	eu
faire	fait	voir	vu
venir	venu	pouvoir	pu
vouloir	voulu	prendre	pris
savoir	su	sortir	sorti
dire	dit	lire	lu
naître	né	mourir	mort

L'entraînement 练一练

Conjuguez les verbes entre parenthèses au passé composé. 把括号里的动词变为复合过去时。

a. Je _____ (manger) une pizza délicieuse hier soir.

b. Nous _____ (regarder) un film intéressant la semaine dernière.

c. Tu _____ (voyager) en Espagne pendant les vacances d'été.

d. Hier, nous _____ (sortir) pour une promenade en forêt.

e. Elle _____ (lire) ce livre passionnant la semaine dernière.

f. Ils _____ (jouer) au football dans le parc hier après-midi.

g. Elles _____ (venir) à la fête d'anniversaire samedi dernier.

h. Mon frère _____ (acheter) un nouveau téléphone la semaine passée.

i. Il _____ (naître) un jour ensoleillé de printemps.

j. Vous _____ (étudier) le français pendant plusieurs années.

k. Elle _____ (arriver) à la gare avec un sourire radieux.

l. Je _____ (oublier) d'appeler ma grand-mère hier.

m. Le chat _____ (dormir) toute la journée hier.

n. Ils _____ (partir) en voyage la semaine dernière.

La lecture 读一读

Cet été, j'ai passé mes vacances à Beijing. J'adore cette ville. J'ai visité le musée du Palais Impérial, le Palais d'Été. Je me suis promené sur la Place Tian'anmen. Je suis aussi allé passer une journée à marcher sur la Grande Muraille.

Ce jour-là, il a plu le matin et l'après-midi, il y a eu un vent terrible. Mais un dicton très populaire en Chine dit : « Celui qui n'a point marché sur la Grande Muraille n'est pas un homme brave. » Je suis allé jusqu'au bout, j'ai donc été un brave homme.

Le jour suivant, j'ai pu profiter de mon dernier jour de vacances en Chine. Je suis allé boire du thé chinois, j'ai mangé dans un bon petit resto pour déguster encore la cuisine chinoise et le soir, j'ai écrit des cartes postales à tous mes amis.

J'espère bien pouvoir bientôt retourner en Chine. C'est un pays magnifique à découvrir !

今年夏天，我在北京度假。我非常喜欢这座城市。我参观了故宫博物院和颐和园，在天安门广场上散步，还专门安排了一天时间去爬长城。

那天早上下雨，下午又刮起大风。不过，中国有句俗语叫"不到长城非好汉"。我坚持到了最后，所以也是一名"好汉"了。

爬完长城后的第二天，我享受了在中国的最后一天假期。我去品尝了中国的茶，在一家很棒的小餐馆再一次享用了中餐。晚上，我给我所有的朋友写了明信片。

我希望很快能再回中国看看。中国是一个值得探索的美丽国度！

→ **Boîte à outils**

dicton *n.m.* 谚语，格言
aller jusqu'au bout *loc.verb.* 坚持到底

Corrigé :

La grammaire 语法

a. (J')ai mangé   b. avons regardé   c. as voyagé

d. sommes sortis   e. a lu   f. ont joué

g. sont venues   h. a acheté   i. est né

j. avez étudié   k. est arrivée   l. (J')ai oublié

m. a dormi   n. sont partis

Leçon 20 |

Et en Chine ? 中国之韵

Le cinéma chinois commence à se développer au XXe siècle avec une domination de Shanghai, avant la Première Guerre mondiale. Voici une liste de quelques films connus en France.

- *Adieu ma concubine*
- *Tigre et Dragon*
- *Les Silences du désir*
- *Le Secret des poignards volants*
- *Épouses et Concubines*
- *Il était une fois en Chine*

    ...

THE WANDERING EARTH
UN FILM DE GUO FAN

SYNOPSIS ET DÉTAILS

Le film *The Wandering Earth* se passe dans le futur. Le soleil s'affaiblit à toute vitesse. La Terre est donc en danger. Les humains ont construit de gros moteurs pour déplacer la Terre du système solaire. Ils doivent faire un long voyage à travers l'espace vers une nouvelle étoile. Le film raconte le sauvetage de la Terre, les gens luttent ensemble pour garder la sécurité de la Terre. Les êtres humains peuvent en ce cas avoir un endroit pour vivre. Pour accomplir cette mission délicate, ils rencontrent des problèmes en cours de route, comme des tempêtes de neige et des pannes. Le film parle de l'entraide et du courage des gens pour protéger la Terre. Il y a beaucoup d'action et d'effets spéciaux passionnants.

Titre original	*Liulang Diqiu*
Acteurs principaux	Wu Jing, Qu Chuxiao, Li Guangjie, Wu Mengda, Zhao Jinmai
Réalisateur	Guo Fan
Récompenses	Coq d'or du meilleur film 2019
Sortie	2019
Genre	Science-fiction, action
Langue	Putonghua (Mandarin)

中国电影于二十世纪第一次世界大战前夕发展起步，上海为主要阵地。我们在此为您列一份清单，介绍几部在法国很有名的中国影片。

- 《霸王别姬》
- 《卧虎藏龙》

• 《花样年华》

• 《十面埋伏》

• 《大红灯笼高高挂》

• 《黄飞鸿》

　　……

《流浪地球》

故事梗概

　　电影《流浪地球》的故事发生在未来。太阳极速衰老，地球因此陷入危险境地。为了推动地球离开太阳系，人类在地球上建造了许多巨型发动机。他们需要经历一次长途太空旅行以奔往一颗新的恒星。电影讲述了人类拯救地球的行动，人们为了保卫地球的安全而共同奋斗，以拥有一片赖以生存的栖息地。为了完成这项棘手的任务，人们在旅途中历经了许多困难，比如暴风雪和机械故障。电影呈现了人类为拯救地球而展现出的互助和勇气。影片中有许多令人惊叹的动作戏和特效。

片名	流浪地球
主要演员	吴京、屈楚萧、李光洁、吴孟达、赵今麦
导演	郭帆
获奖情况	第32届中国电影金鸡奖最佳故事片奖（2019）
上映时间	2019
类型	科幻、动作
语言	普通话

Le film chinois

1. Avez-vous vu *The Wandering Earth* ? De quel genre de film s'agit-il ? Est-ce que vous l'aimez ? Pourquoi ?

2. Est-ce que vous connaissez Wu Jing ? Aimez-vous ses films ? Quel(le) acteur ou actrice chinois(e) préférez-vous ? Pourquoi ?

3. À votre avis, quel film chinois peut représenter la culture chinoise ? Pourquoi ?

→ À vous ! 轮到你了!

Choisissez un film chinois et présentez-le à vos amis français.
请选择一部中国电影，把它介绍给你的法国朋友。

→ Boîte à outils

domination *n.f.* 统治；控制	étoile *n.f.* 恒星，星星
s'affaiblir *v.pr.* 衰退	sauvetage *n.m.* 救援，挽救
système solaire 太阳系	délicat, e *a.* 棘手的，难处理的

Leçon 21

Pour... 为了……

→ Exprimer la durée 表达时间段

depuis 自……以来（后接时间段或时间点，表示动作延续至今）
depuis quatre ans 四年以来
depuis mon mariage 从我结婚以来
pendant 在……期间（强调动作实际持续的时间）
pendant les vacances 在假期期间
pendant trois mois 在三个月期间

→ Exprimer la surprise 表达惊讶

Ça m'étonne ! 我感到惊讶！
Ça me surprend ! 我太惊讶了！
C'est étonnant/surprenant ! 这简直令人惊讶！
Ce n'est pas possible ! 这简直不可能！
Quelle surprise ! 太惊喜了！
Incroyable ! 难以置信！
Oh là là ! 哎呀，天啊！

→ Parler de ses études 谈论学业

À l'âge de 18 ans en moyenne, les jeunes français passent le baccalauréat/le bac.
法国年轻人平均在18岁时参加中学毕业会考。
Aujourd'hui, j'ai cours à la fac de 9 h à 16 h.
我今天9点到16点有课。
J'ai une licence. = J'ai un bac + 3.
我有学士文凭。
Je vais poursuivre en master.
我将继续攻读硕士学位。
J'ai un master 2. = J'ai un bac + 5.
我有硕士文凭。
Je voudrais poursuivre mes études et préparer un doctorat.
我想继续深造，准备考博。
J'ai un doctorat. = J'ai un bac + 8.
我有博士文凭。

– Tu fais quoi comme études ? / Tu étudies quoi ? / Tu es en quelle année ?
你学什么专业？/你学什么呢？/你现在几年级？
– Je suis en 3e année de licence de psycho. / Je suis en master 2 à la fac de droit.
我现在是本科心理学专业三年级学生。/我现在是法学院硕士二年级学生。

Je vais travailler à la BU ce matin. (BU = bibliothèque universitaire)
我今天早上要在学校图书馆工作。
Je te réserve une place dans l'amphi ? (l'amphi = l'amphithéâtre)
需要我在阶梯教室给你留一个座位吗？
Ce midi, je mange au RU. (RU = restaurant universitaire)
我今天中午在学校食堂吃午饭。

→ Raconter un événement 讲述事件

Je n'ai pas eu la moyenne.
我考试没及格。
Ils sont allés à la bibliothèque hier après-midi.
昨天下午他们去了图书馆。

On n'a pas payé ce stylo.
他们没付钢笔的钱。

→ **Situer une action dans le passé** 讲述过去发生的动作

Ils ont passé leur examen le mois dernier.
他们上个月参加了考试。
Pauline a raconté son aventure il y a trois jours.
三天前，Pauline讲述了她的经历。
Elle a acheté un roman de Hugo avant-hier.
前天，她买了一本雨果的小说。

Les mots... 主题词

Des études 学业	*Des écoles* 学校	*Des diplômes* 文凭
une rentrée 开学	une école primaire 小学	une Licence 学士学位
une fac (une faculté) 学院（现多指大学）	un collège 初中	un Master 硕士学位
travailler 学习	un lycée 高中	un Doctorat 博士学位
une bibliothèque 图书馆		
un amphithéâtre （大学）阶梯教室		

La grammaire 语法

Le passé composé (2) 复合过去时 (2)

Les verbes pronominaux au passé composé 代词式动词的复合过去时

Vous vous êtes bien reposés hier soir ?

Ils se sont rencontrés en 1990.

思考🧠：请观察上面的两个句子，说出句子中复合过去时的助动词：_____。

总结：所有代词式动词在复合过去时中都以être作助动词，如：ils se sont rencontrés、elle s'est mariée。

La négation au passé composé 复合过去时的否定结构

在复合过去时的否定结构中，ne和pas分别位于助动词的前后。

Tu as travaillé pendant longtemps ? → Tu n'as pas travaillé pendant longtemps ?

Il s'est levé de bonne heure. → Il ne s'est pas levé de bonne heure.

注意：否定词ne和助动词avoir的相应形式连用时，需要省音，变为n'。

Je n'ai pas travaillé.
Tu n'as pas travaillé.
Il/Elle n'a pas travaillé.
Nous n'avons pas travaillé.
Vous n'avez pas travaillé.
Ils/Elles n'ont pas travaillé.

思考 🧠：代词式动词的复合过去时否定结构该怎么构成呢？

Je ne me suis pas promené(e).
Tu ne t'es pas promené(e).
Il/Elle ne s'est pas promené(e).
Nous ne nous sommes pas promené(e)s.
Vous ne vous êtes pas promené(e)(s).
Ils/Elles ne se sont pas promené(e)s.

L'entraînement 练一练

1. **Conjuguez les verbes pronominaux au passé composé dans les phrases suivantes. 把下列句子中的代词式动词变为复合过去时。**

   a. Elle _____ (s'habiller) pour la fête hier soir.
   b. Nous _____ (se rencontrer) à l'université ce matin.
   c. Pierre, tu _____ (se laver) les mains avant de manger, d'accord ?
   d. Ils _____ (s'amuser) pendant la soirée d'anniversaire.
   e. Les enfants _____ (s'endormir) rapidement après une longue journée.
   f. Paul et Marie _____ (se parler) au téléphone hier.
   g. Hier soir, elle _____ (se maquiller) avant la fête.
   h. Elle _____ (se préparer) pour l'entretien d'embauche.

2. **Répondez aux questions avec *oui* ou *non*. 用 oui 或 non 回答下列问题。**

   a. Est-ce que tu as mangé de la pizza hier soir ? (non)
   b. Est-ce qu'elle a acheté les billets de concert ? (oui)
   c. Est-ce qu'elle s'est réveillée tôt ce matin ? (non)
   d. Est-ce que vous avez visité le nouveau musée ? (oui)
   e. Elle s'est blessée en faisant du sport ? (oui)
   f. Est-ce qu'ils sont allés au parc ce week-end ? (non)
   g. As-tu vu ce film au cinéma ? (non)
   h. Est-ce que vous vous êtes habillés élégamment pour la soirée ? (non)
   i. Est-ce que le chien a attrapé la balle ? (non)
   j. Est-ce que vous vous êtes promenés dans le parc cet après-midi ? (oui)
   k. Est-ce qu'elle a appris à jouer de la guitare ? (non)
   l. Vous vous êtes amusés à la fête hier soir ? (oui)
   m. Est-ce qu'ils se sont rencontrés à l'université ? (non)

La lecture 读一读

Une nouvelle architecture des études supérieures

La réforme Licence-Master-Doctorat ou la réforme LMD désigne un ensemble de mesures pour modifier le système d'enseignement supérieur français. Elle met en place principalement une architecture basée sur trois grades : licence, master et doctorat ; une organisation des enseignements en semestres et unités d'enseignement (UE) et la mise en œuvre des crédits européens. Le système LMD contribue à l'harmonisation de l'enseignement supérieur dans les pays européens. L'objectif de cette architecture est de permettre la comparaison des diplômes d'un pays à l'autre pour faciliter la mobilité des étudiants.

Les diplômes s'organisent autour de 3 grades :

- la Licence (bac + 3), niveau L ;

- le Master (bac + 5), niveau M ;

- le Doctorat (bac + 8), niveau D.

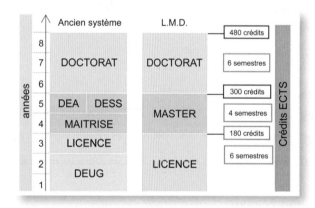

高等教育的新体系

学士–硕士–博士改革（LMD改革）指一系列为改进法国高等教育体系而采取的措施。改革主要设立了以三阶段学位为基础的高等教育结构，包括学士、硕士及博士。另外，法国高等教育按照学期和教学单元组织教学并实施欧洲学分体系。学士–硕士–博士体系有助于欧盟国家间高等教育的协调发展。该体系的设置旨在使欧盟国家实现学位互认，以促进学生流动。

学位分为三个阶段：

－ 学士学位（或称bac + 3），学士阶段；

－ 硕士学位（或称bac + 5），硕士阶段；

－ 博士学位（或称bac + 8），博士阶段。

→ **Boîte à outils**

supérieur, e *adj.* 高等的；高级的	mise en œuvre 实施
réforme *n.f.* 改革	crédit *n.m.* 学分
grade *n.m.* 等级；学位	harmonisation *n.f.* 协调；和谐
unité d'enseignement 教学单元	mobilité *n.f.* 流动性；活动性

Corrigé :

La grammaire 语法

1.

a. s'est habillée   b. nous sommes rencontré(e)s   c. t'es lavé   d. se sont amusés

e. se sont endormis   f. se sont parlé   g. s'est maquillée   h. s'est préparée

2.

a. Non, je n'ai pas mangé de pizza hier soir.

b. Oui, elle a acheté les billets de concert.

c. Non, elle ne s'est pas réveillée tôt ce matin.

d. Oui, nous avons visité le nouveau musée.

e. Oui, elle s'est blessée en faisant du sport.

f. Non, ils ne sont pas allés au parc ce week-end.

g. Non, je n'ai pas vu ce film au cinéma.

h. Non, nous ne nous sommes pas habillés élégamment pour la soirée.

i. Non, le chien n'a pas attrapé la balle.

j. Oui, nous nous sommes promenés dans le parc cet après-midi.

k. Non, elle n'a pas appris à jouer de la guitare.

l. Oui, nous nous sommes amusés à la fête hier soir.

m. Non, ils ne se sont pas rencontrés à l'université.

Leçon 22

Pour... 为了……

→ Raconter un souvenir 讲述回忆

Il était midi et il faisait froid. 那会儿是中午，天气很冷。
Quand j'étais petit, je voyais mes grands-parents toutes les semaines. 我小时候每周都去看望我的祖父母。
Le mois dernier, le musée n'était pas ouvert le mardi. 上个月，博物馆周二没有开门。

→ Indiquer la chronologie 说明时间顺序

D'abord, le bébé était très content. Puis, il avait faim. Ensuite, sa mère l'a nourri, et enfin/finalement, il s'est endormi.
一开始，宝宝很高兴。后来，他饿了。接着，他的妈妈喂了他。最后，他睡着了。

→ Indiquer la fréquence 说明频次

tous les ans/tous les mois/tous les jours 每年/每月/每天
toutes les heures/toutes les minutes/toutes les secondes 每小时/每分钟/每秒钟
tous les jeudis 每周四
tous les matins 每天早上
toutes les deux semaines 每两周
toujours 总是
souvent 常常
parfois/quelquefois/de temps en temps 有时
rarement 很少
jamais 从来没有

Les mots... 主题词

Des moyens de transport 交通工具 une moto (motocyclette) 摩托车 un bus 巴士 un tramway 有轨电车	*Des lieux* 地点 une plage 沙滩 un désert 沙漠 une île 岛 un parc 公园
Des types d'hébergement 住宿类型 une maison d'hôte 共享房屋 une auberge 小旅馆 un chalet 山区木屋 un gîte 住处	*Des activités* 活动 un surf 冲浪运动 surfer 冲浪 une randonnée 出游，远足 randonner 出游，远足

La grammaire 语法

L'imparfait 未完成过去时

La formation 构成

Conjugaison : *aller* à l'imparfait aller的未完成过去时

aller
j'allais
tu allais
il/elle allait
nous allions
vous alliez
ils/elles allaient

思考 : 请观察aller的未完成过去时变位，并试着说出变位规律：＿＿＿＿＿＿＿＿＿＿。

总结：动词的直陈式现在时第一人称复数的变位形式去掉词尾的-ons，并加上固定词尾-ais、-ais、-ait、-ions、-iez、-aient，构成未完成过去时。

特殊形式的变位：être

j'étais
tu étais
il/elle était
nous étions
vous étiez
ils/elles étaient

请注意以下两个动词的未完成过去时变位的特殊拼写形式。

commencer	manger
je commençais	je mangeais
tu commençais	tu mangeais
il/elle commençait	il/elle mangeait
nous commencions	nous mangions
vous commenciez	vous mangiez
ils/elles commençaient	ils/elles mangeaient

L'emploi 用法

• 表示过去持续的动作或状态。

À cette époque-là, il habitait dans un vieux quartier de la ville.

Avant, les enfants n'avaient pas beaucoup de devoirs à faire et ils passaient leur temps libre à s'amuser en plein air.

• 表示过去习惯性或重复发生的动作。

Elle faisait une promenade dans le jardin après le dîner quand elle habitait à Nantes.

Je jouais du tennis deux fois par semaine quand j'étais au lycée.

L'entraînement 练一练

1. **Complétez les phrases en conjuguant les verbes entre parenthèses à l'imparfait. 将括号里的动词变为未完成过去时。**

   a. Quand j'étais jeune, je _____ (aimer) beaucoup jouer au football.

   b. Pendant les vacances, nous _____ (aller) à la plage tous les jours.

   c. Quand elle était enfant, elle _____ (avoir) un chien adorable.

   d. Chaque soir, ils _____ (regarder) leur émission de télévision préférée.

   e. Quand tu étais petit, tu _____ (aimer) écouter des histoires avant de dormir.

   f. Pendant l'hiver, vous _____ (faire) souvent du ski en montagne.

   g. Pendant la réunion, il _____ (poser) toujours des questions pertinentes.

2. **Complétez le texte en conjuguant les verbes entre parenthèses à l'imparfait. 将括号里的动词变为未完成过去时，将文段补充完整。**

   Quand j'étais enfant, ma famille et moi _____ (habiter) dans une petite maison près de la plage. Chaque été, nous _____ (passer) nos vacances là-bas. Les matins _____ (commencer) doucement, avec le chant des oiseaux et l'odeur de l'air marin qui _____ (flotter) dans l'air. Mes frères et moi _____ (jouer) sur le sable pendant des heures, on _____ (construire) des châteaux de sable et _____ (ramasser) des coquillages. Les après-midi _____ (être) ponctués de siestes à l'ombre des parasols colorés, bercés par le bruit des vagues. Les soirées _____ (se passer) à regarder les couchers de soleil magnifiques. Ce _____ (être) une époque simple et paisible, remplie de souvenirs qui resteront à jamais gravés dans mon cœur.

La lecture 读一读

Mon souvenir dans la rue de Sha-Nan

Je suis allé dans la rue de Sha-Nan chercher quelque chose de gourmand. Nous aimions beaucoup cette rue bordée d'arbres. Comme il y avait une université et des lycées, de nombreux étudiants et lycéens fréquentaient cette rue.

沙南街的回忆

我到沙南街去寻找美食。我们过去很喜欢这条栽满树的路。因为附近有一所大学和几所中学，所以许多学生都常去那条街。

Ce printemps, quand je me suis retrouvé là, j'étais comme immergé dans un rêve familier et lointain. Il faisait beau comme avant. La verdure ne manquait pas. Il y avait un grand nombre d'amoureux. Ils se promenaient dans cette rue, main dans la main. L'odeur des repas flottait au vent. Les restaurants étaient petits, mais chaque resto faisait sa propre cuisine originale. J'adorais un restaurant mexicain. C'était rare à Chongqing. Le taco était délicieux. J'allais manger dans ce resto avec ma copine presque tous les week-ends.

Le temps passe. La rue est toujours là. Seulement, je ne la fréquente plus et ma copine n'est plus à côté de moi. Cependant, je reviens ici parfois pour trouver mon restaurant préféré. Il est toujours bon et le souvenir est toujours beau.

今年春天，当我再次回到那儿，像是掉入了一场熟悉又遥远的梦。天气还是像过去一样好，街上满目苍翠。许多情侣在这条路上手牵手散步。饭菜的香气随风弥漫。饭馆虽小，但每一家都经营着自家的特色美食。我那时非常喜欢一家墨西哥餐厅，这种餐厅在重庆很少见。这家的塔可十分美味。我和女朋友几乎每个周末都去吃。

时光荏苒，沙南街还在那儿，只是我不再常去，女朋友也不复在我身边。不过，我还是偶尔回到这里，去我曾经最爱的饭馆吃饭。饭菜依旧美味，回忆也总是美好。

→ **Boîte à outils**

gourmand, e *adj.* 美食的	verdure *n.f.* 草木的绿色；青枝绿叶
border *v.t.* 沿着……的边缘	manquer *v.i.* 缺少，缺席
rue bordée d'arbres 一条两边种了树的路	odeur *n.f.* 气味，香味
fréquenter *v.t.* 经常去	flotter *v.i.* 漂浮；飘扬
immergé, e *adj.* 浸没的	taco *n.m.* 塔可（墨西哥玉米卷饼）

Corrigé :

La grammaire 语法

1.

a. (j')aimais   b. allions   c. avait   d. regardaient   e. aimais   f. faisiez   g. posait

2.

habitions   passions   commençaient   flottait   jouions   construisait
ramassait   étaient   se passaient   (C')était

Leçon 23

Pour... 为了……

→ **Donner des conseils, des instructions 给出建议或指示**

Pour réussir, il faut être organisé et sérieux. Tu dois fixer des buts clairs et créer un plan pour les atteindre. Il faut travailler chaque jour sur les choses importantes pour rester concentré. Il faut apprendre en permanence. Lis des livres, suis des cours en ligne et observe les experts pour progresser. N'oublie pas de prendre soin de toi. Si tu es fatigué, il faut te reposer. Si tu es bloqué, il faut demander de l'aide. Demander de l'aide montre de la sagesse, pas de la faiblesse.

要想成功，必须井井有条、态度认真。应该设立明确的目标并为之制定计划。每天都要在重要的事情上付出努力，这样才能保持专注。同时还要不断地学习。通过看书、上网课和听从专家的意见来保持进步。别忘了照顾好自己。如果累了，就停下来休息。如果遇到困难，就应寻求帮助。寻求帮助显示出的是智慧，而不是软弱。

Les mots... 主题词

De l'inscription 注册		
les droits d'inscription 注册费	une carte d'étudiant 学生卡	un calendrier scolaire 校历
une année scolaire 学年	une photo d'identité 证件照	une rentrée 开学返校

La grammaire 语法

Les pronoms compléments d'objet direct (COD) 直接宾语人称代词

La forme 形式

me (m')	我	nous	我们
te (t')	你	vous	您，你们
le/la (l')	他/她/它	les	他（她/它）们

L'emploi 用法

• 直接宾语人称代词在句子中代替前文已经出现过的确指的人或物，放在相关动词之前，充当句中的直接宾语，以避免重复。

– Ils trouvent ces films intéressants ?

– Oui, ils les trouvent intéressants. (les = les films)

Vous aimez cette robe blanche ? Vous voulez la porter pour la soirée de demain ? (la = la robe)

N'oubliez pas de nous appeler ce soir !

注意：

• me、te、le、la后面的单词如果以元音开头，需要进行省音，变为m'、t'、l'。

C'est une excellente actrice, je l'adore. (l' = l'actrice)

• 一般来说，动词不定式的直接宾语人称代词应放在相关动词之前。

La voiture est en panne. On doit la réparer chez un garagiste.

Ce plat a l'air très bon, je veux le goûter tout de suite.

– Il faut envoyer les formulaires par mail ?

– Non, il ne faut pas les envoyer par mail.

Le présent continu 现在进行时

La formation 构成

être en train de + verbe à l'infinitif

L'emploi 用法

• 现在进行时强调正在发生并持续的动作或状态。

Je suis en train de remplir le formulaire.

Ils sont en train de regarder un film.

– Que fait-il ?

– Il est en train de lire un roman.

L'entraînement 练一练

1. **Remplacez les mots soulignés par un pronom complément d'objet direct (COD).** 改写句子，
   用直接宾语人称代词代替画线部分。

   a. Marie achète une nouvelle robe.

   b. Le professeur enseigne les mathématiques aux étudiants.

   c. Je lis ce livre passionnant en une journée.

   d. Nous allons visiter le musée d'art moderne demain.

   e. Mon ami va regarder ce film intéressant ce soir.

   f. Martine trouve une jolie fleur dans le jardin.

   g. Les enfants mangent ces biscuits délicieux.

   h. Le médecin examine les patients dans son cabinet.

2. **Complétez les phrases avec la forme correcte du présent continu.** 用现在进行时补全下列句子。

   a. Ils _____ (jouer) au football dans le parc en ce moment.

   b. Je _____ (étudier) pour mon examen de demain.

   c. Là-bas, il _____ (regarder) un film à la télévision.

   d. Marie _____ (travailler) à son projet en ce moment.

   e. Les enfants ? Ils _____ (jouer) dans le jardin.

   f. Actuellement, nous _____ (écouter) de la musique.

   g. Regarde ! Le chien _____ (courir) après la balle.

h. Mes parents _____ (préparer) le dîner dans la cuisine.

i. En ce moment, elle _____ (lire) un livre.

La lecture 读一读

La mobilité étudiante dans le monde

En 2017, la population étudiante mondiale est de 222 millions. Ce chiffre a progressé de 43 % en dix ans. D'ici 2027, ce nombre atteindra peut-être les 300 millions. En même temps, il faut dire que les étudiants sont de plus en plus mobiles. Plusieurs raisons les poussent à étudier à l'étranger, la découverte d'autres cultures, le manque de places à l'université, les instabilités économiques et politiques, etc.

Selon les statistiques, il y a au total 5 300 000 étudiants internationaux en mobilité dans le monde. Parmi les sept continents, l'Europe est la première région d'accueil. Quant aux pays, les trois pays anglophones – les États-Unis, le Royaume-Uni et l'Australie – accueillent le plus d'étudiants en mobilité. Mais les étudiants de quel pays partent le plus suivre des études à l'étranger ? Avec une augmentation incessante du nombre d'étudiants en mobilité, la Chine garde sa place de premier pays d'origine de la mobilité en 2017.

Le programme Erasmus+ connaît un succès. En 2017, plus de 13 000 étudiants supplémentaires effectuent une mobilité Erasmus. Au total, 325 500 étudiants partent étudier dans les 33 pays partenaires du programme.

大学生的全球流动性

2017年，全球大学生总数为2.22亿人。这一数字在10年内增长了43%。到2027年，这一数字可能会达到3亿。同时，大学生的流动性越来越强。许多原因促使他们到国外学习，包括探索其他文化、本国大学录取名额有限、经济和政治不稳定等。

据统计，全球共计有530万名留学生。七大洲中，欧洲是接收留学生数量最多的地区。从国家层面来看，美国、英国和澳大利亚这3个英语国家接收的留学生数量最多。哪个国家输出的留学生人数最多呢？答案是中国。2017年，中国输出的留学生数量持续增长，保持了世界最大留学生生源国地位。

"伊拉斯谟+"计划取得了成功。2017年，又有超过13 000名大学生通过伊拉斯谟项目留学海外。总计325 500名大学生去往33个项目合作国家学习。

（数据来源：Institut statistique de l'UNESCO）

→ Boîte à outils

mobilité *n.f.* 流动性	statistique *n.f.* 统计
progresser *v.i.* 进展；发展	supplémentaire *adj.* 补充的；额外的
atteindre *v.t.* 达到	partenaire *n.* 合作者，伙伴

Corrigé :

La grammaire 语法

1.

a. Marie l'achète.

b. Le professeur les enseigne aux étudiants.

c. Je le lis en une journée.

d. Nous allons le visiter demain.

e. Mon ami va le regarder ce soir.

f. Martine la trouve dans le jardin.

g. Les enfants les mangent.

h. Le médecin les examine dans son cabinet.

2.

a. sont en train de jouer
b. suis en train d'étudier
c. est en train de regarder

d. est en train de travailler
e. sont en train de jouer
f. sommes en train d'écouter

g. est en train de courir
h. sont en train de préparer
i. est en train de lire

Leçon 24

Et en Chine ？ 中国之韵

→ **L'enseignement du français en Chine** 中国的法语教学

Lisez l'article et répondez :
Pourquoi apprenez-vous le français ?
Aimez-vous le français ? Pourquoi ?
Comment voulez-vous apprendre le français ?

Depuis la fondation des premières écoles enseignant le français dans le Collège français Saint-Ignace à Shanghai en 1850, et dans l'École impériale de langues de Pékin (Tongwen Guan) en 1862, l'enseignement du français en Chine a un long parcours historique. Après l'établissement des relations diplomatiques sino-françaises en 1964, le nombre d'universités qui disposent d'une section ou d'un département de français augmente à 15 en 1966. Avec les échanges entre la Chine et la France ou d'autres pays francophones de plus en plus fréquents, une ambiance favorable à l'enseignement du français s'installe en Chine. Cet enseignement connaît un développement spectaculaire, le nombre de départements de français dans les universités atteint 165-170 en 2018, et il y a 24 000 étudiants en français, en plus, 41 000-44 000 apprennent le français comme deuxième langue étrangère.

法语教学在中国有悠久的历史，最早教授法语的学校可以追溯到1850年在上海开设的徐汇公学和1862年在北京开设的京师同文馆。自1964年中法建交到1966年，设立法语系或法语教学部的大学增至15所。随着中国与法国以及其他法语国家的交流日益频繁，中国的法语教学氛围越来越好，法语教学取得了显著的发展。2018年，设有法语系的大学数量达到165~170个，有24 000名学生选择法语专业，另有41 000~44 000名学生选择将法语作为第二外语。

（数据来源：David Bel. *L'enseignement du/en français en Asie de l'est et du sud-est : **La langue française dans le monde***. Paris : Gallimard/OIF, 2018 : 184-220.）

→ **Boîte à outils**

parcours *n.m.* 历程	ambiance *n.f.* 环境，氛围
long parcours historique 悠久的历史	favorable *adj.* 有利的，有益的
établissement *n.m.* 建立，创立	s'installer *v.pr.* 定居，安顿
relation diplomatique 外交关系	spectaculaire *adj.* 壮观的，惊人的
sino-français, e *adj.* 中法之间的	atteindre *v.t.* 达到
disposer (de) *v.t.indir.* 拥有	étudiant, e en français 法语专业学生
échange *n.m.* 交流	deuxième langue étrangère 第二外语

→ À vous！轮到你了！

Racontez votre histoire avec la langue française.
讲述你和法语之间的故事。

学生用书文本译文

学生用书文本译文

Dossier 0

听力文本

Piste 01

一张桌子
a. 一把椅子
b. 一块黑板
c. 一块交互式数字白板
d. 一台电脑

Piste 02

一本书
a. 一本练习册；一个笔记本；
一支钢笔；一部手机
b. 一个笔记本；一部手机；
一支钢笔；一本练习册
c. 一支钢笔；一本练习册；
一部手机；一个笔记本

Dossier 1

Leçon 1

视频文本

Françoise Le Tallec：您好。
Laurent Bonomi：您好，我的名字是Laurent Bonomi。
Simon Le Tallec：您好。
Louise Le Tallec：你好！
Hugo Le Tallec：嗨，我是Hugo。
Nathalie Bonomi：晚上好，很高兴见到您。
Juliette Bonomi：晚上好，我叫Juliette。
Famille Le Tallec：晚上好。
Simon Le Tallec：哦，对不起。大家晚上好！
Famille Bonomi：晚上好。
Juliette Bonomi：欢迎。

Leçon 3

听力文本

对话1

营业员：您好，女士。
顾　客：您好，请给我一根法棍面包。
营业员：给您，一欧元，谢谢。
营业员：谢谢。
顾　客：再见。
营业员：再见，女士，祝您度过美好的一天。

对话2

顾　客：您好，您怎么样？
酒　保：我很好，您呢？来一杯咖啡？
顾　客：是的，请给我一杯。
顾　客：谢谢。
酒　保：谢谢。
顾　客：再见，明天见。
酒　保：再见，祝您度过美好的一天。

对话3

父　亲：嗨，你好吗？
女　儿：嗨，嗯，还好。
父　亲：你有明天（要交）的练习？
女　儿：噗……是的！

Dossier 2

Leçon 5

视频文本

比萨外卖员：晚上好，先生！
Laurent Bonomi：有什么事？
比萨外卖员：Le Tallec先生？
Louise Le Tallec：比萨呢？我饿了！
Laurent Bonomi：我不是Simon Le Tallec。
Simon Le Tallec：是我。我是Simon Le Tallec。我是您的新邻居。
Laurent Bonomi：我叫Laurent Bonomi。
Simon Le Tallec：很高兴认识您。这是我的孩子们：他是Hugo，她是Louise。
Louise Le Tallec：你好！
Laurent Bonomi：这是Nathalie，她是Juliette。
Simon Le Tallec：这是我儿子，他20岁了。
Françoise Le Tallec：你们好，我叫Françoise，我是Simon的妻子。
Louise Le Tallec：你好，我叫Louise Le Tallec。
Juliette Bonomi：你在念大学吗？
Hugo Le Tallec：我是一名社会学系的学生。你呢？
Laurent Bonomi：嗯……我是法国国家铁路公司的工程师。
Simon Le Tallec：我是建筑师。
比萨外卖员：我，我是……
Juliette Bonomi：好的，那祝你们用餐愉快！
Simon Le Tallec：谢谢！再见！祝你们有个愉快的夜晚。
谢谢，先生。

Leçon 6

阅读文本

Rodolfo Marin		
日志	个人信息	照片
个人信息		
出生日期	1988年7月1日	
性别	男	
婚恋状况	单身	
职业	法语教师	
语言	西班牙语，法语	
居住地	瓜达拉哈拉（墨西哥）	
来自	瓜达拉哈达（墨西哥）	

Amelia Gadei		
日志	个人信息	照片
个人信息		
出生日期	1978年2月24日	
性别	女	
婚恋状况	已婚	
语言	德语，法语，罗马尼亚语	
居住地	巴黎	
来自	柏林	

Yvan Boucher			
日志	个人信息	照片 414	好友 106
个人信息			
出生日期	1991年4月28日		
性别	男		
职业	法语教师		
居住地	东京		
来自	巴黎		

Leçon 7
听力文本
对话1

助　理：喂，您好？
应聘者：您好，女士，我打电话来是为了试镜的事。
助　理：您叫什么名字？
应聘者：Caroline Bailly。
助　理：有一个y吗？
应聘者：是的。B，A，I，两个L，Y。
助　理：您的年龄是？
应聘者：我28岁。
助　理：您有电话吗？
应聘者：有，您需要我的电话号码吗？
助　理：请说！
应聘者：07 45 23 18 65。
助　理：您有邮箱吗？
应聘者：有的，carob@gmail.com。c、a、r、o、b。
助　理：好的，我会在周末与您联系，确定会面的事。
应聘者：谢谢，再见。

对话2

助　理：您好，请稍等……您好，不好意思！
应聘者：您好，我打电话来是为了试镜的事。

助　理：您好，先生，您多少岁呢？
应聘者：嗯……40岁。
助　理：好的，您是做什么工作的呢？
应聘者：我是体育老师。
助　理：请问您的名字是？
应聘者：Lefèvre，Nicolas Lefèvre。
助　理：好的，您的电话是？
应聘者：我的座机还是手机呢？
助　理：您的手机。
应聘者：好的。06 24 09 56 42。我把我妻子的号码也给您……
助　理：不，不！不需要她的号码，谢谢！没有必要。您的邮箱地址呢？
应聘者：nlefèvre@gmail.com。n、l、e、f、e、v、r、e。
助　理：好的，我周二会给您打电话确定会面的事。再见。
应聘者：谢谢。再见。

Dossier 3

Leçon 9
视频文本

Françoise Le Tallec：Simon迟到了，很抱歉。
Laurent Bonomi：你们饿了吗？我们吃什么呢？
服务员：你们好！
Françoise, Simon et Nathalie：您好！
服务员：这是菜单。
Nathalie Bonomi：谢谢。
Françoise Le Tallec：谢谢。
服务员：今天的主菜有巴斯克炖鸡和烤三文鱼，也可以点午餐的套餐，包括一道前菜、一道主菜和一份甜点。
Laurent Bonomi：你要点什么？
Nathalie Bonomi：等一下，我……我看看菜单。炖鸡。
Laurent Bonomi：您呢，Françoise？
Françoise Le Tallec：巴斯克炖鸡很美味吧？
Laurent Bonomi：对的，很好吃！来三份炖鸡！
Simon Le Tallec：请再来一份牛排配薯条，七分熟，谢谢！不好意思，我迟到了，大家好吗？
Laurent Bonomi：很好。
服务员：您要点什么，女士？
Lucie Bonomi：我吗？请来一份意式沙拉。我今天下午有一节健身课。
Simon Le Tallec：不好意思，太太您好！我是Simon Le Tallec，您的新邻居。
Lucie Bonomi：很高兴认识您，我是Lucie，Laurent的妈妈。
服务员：需要什么酒水饮料？来点儿葡萄酒，还是一瓶水？
……
Simon Le Tallec：买单！
Laurent Bonomi：我们平摊吧？
Françoise Le Tallec：不用，不用，我们请客。
Lucie Bonomi：谢谢，Françoise，欢迎来到这个街区！

Leçon 10
阅读文本
　　巴黎是浪漫的……这里有河流、河堤、（塞纳河）左岸、（塞纳河）右岸、桥梁、船只、花园……这里也有街巷、林荫大道、广场。

巴黎的桥
　　巴黎一共有37座桥。人们会约朋友在新桥见面，在艺术桥听听音乐。巴黎的其他桥梁就留给你们来发现了。

巴黎的河堤
　　在左岸，人们会在圣伯纳码头散步，看看那些过往船只。在右岸，当夏天天气晴朗时，这儿就是"巴黎沙滩"：大家晒太阳，野餐。这就是巴黎人的派对。

书摊
　　在塞纳河两岸，有很多书摊，出售书籍和明信片。

Leçon 11
听力文本
对话1
–你明晚干吗？
–没什么安排。
–要不要去餐馆吃晚饭？
–可以啊，去哪儿？
–chez Marcel餐厅，在巴士底。
–我不喜欢巴士底，周六会有很多人。
–那去歌剧院旁边的chez Paparazzi餐厅？
–嗯……意大利菜，好主意！几点呢？
–晚上8点，我来预订。
–好的，明天见。
–明天见。

对话2
–我们要去香波电影院看电影，你跟我们一起吗？
–什么时候？
–周日。
–和谁？
　和Béatrice。
–你们要去看什么电影？
–《绅士爱美人》。
–啊，玛丽莲·梦露，我喜欢！几点的电影？
–中午12点。
–香波电影院，是在学院路吗？
–对，在奥德翁地铁站。
–好的，我们11点45在电影院门口见。
–你和Pierre一起来吗？
–不，他不在巴黎，在马赛。

对话3
–我要去凯布朗利博物馆，你了解这个博物馆吗？
–凯布朗利博物馆？不，我不了解。
–今天是周四，博物馆会开放到21点，你和我一起去吧？
–啊，夜游博物馆，棒极了，好啊！

Dossier 4
Leçon 13
视频文本
男售货员：您好，先生。有什么我可以帮您的吗？您想选一条领带吗？
Hugo：我……我想要一件外套。
男售货员：外套的柜台在那边。您想要一件什么颜色的外套呢？黑色的？蓝色的？还是红色的？
Hugo：呃……我不知道。
男售货员：这种风格的，您喜欢吗？
Hugo：事实上，这件外套有点儿……
男售货员：太大了？太厚了？可能是有点儿贵吧。
女售货员：想选一件外套吗？什么类型的外套呢？
Hugo：为约会选的。
女售货员：啊，好的。您穿什么码？
Hugo：我不知道。
女售货员：小号48码？您想试试吗？这件风格优雅，颜色漂亮，质感轻薄……非常好看！一会儿见！
Hugo：我很喜欢这件外套。请问多少钱？
女售货员：价格吗？139欧。
Hugo：啊，这对我来说有点儿贵……行吧，我就要这件了。
女售货员：您怎么支付？支票还是刷卡？
Hugo：现金。
女售货员：谢谢。稍等！祝您度过美好的夜晚。

Leçon 14
阅读文本
1. Le livre de recettes 一本菜谱
SYLVIA GABET
今晚吃什么？
80道20分钟就能做好的工作日快手晚餐

2. Le veau à la provençale 普罗旺斯焖牛肉
普罗旺斯焖牛肉
准备时间：10分钟
烹饪时间：20分钟

食材：
（4人份）
–小牛肉700克
–油少许
–洋葱3个
–大蒜2瓣
–普罗旺斯香草2勺
–西红柿5个
–西葫芦200克
–盐、胡椒少许

制作过程：
–小牛肉切块备用；
–将洋葱剥皮并切好备用；
–将西葫芦和大蒜切好备用；
–在炖锅中倒油，将小牛肉和洋葱一起下锅煮5分钟；
–加入西红柿、大蒜、普罗旺斯香草，撒入盐和胡椒，煮5分钟；

–加入西葫芦，继续煮；
–趁热装盘食用。

您还可以用鸡肉或牛肉来烹饪这道菜品。

Leçon 15
听力文本
对话1
售货员：您好，女士！到您了吗？
顾　客：是的！您好，先生，我想要些西红柿。
售货员：您要多少？
顾　客：500克。然后……您这儿有生菜吗？
售货员：有的！您看，生菜好极了！
顾　客：请给我一颗生菜。
售货员：还要点儿什么呢？
顾　客：来1公斤胡萝卜。您这儿有西葫芦吗？
售货员：哦没有！今天没有西葫芦！
顾　客：好吧……啊！我还想要些南瓜，来一块。
售货员：您看，这块行吗？
顾　客：好的，很好。
售货员：还要些什么呢？
顾　客：就这些了。我要付您多少钱？
售货员：8欧70分。
顾　客：再见。
售货员：再见，祝您度过美好的一天。

对话2
售货员：到哪位了呢？
顾　客：到我了。我想要4个洋葱、3根大葱、一些四季豆……
售货员：您要多少四季豆呢？
顾　客：500克就可以了。再来点儿土豆。
售货员：要多少？1公斤吗？
顾　客：是的，1公斤土豆！
售货员：给您。就这些吗？
顾　客：不，再看看水果。要500克苹果，再要些梨。
售货员：也要500克吗？
顾　客：我不知道，就4、5个梨吧。
售货员：您想来点儿樱桃吗？这是阿根廷的樱桃。
顾　客：不用了，谢谢，不要樱桃了，这不是当季水果，太贵了！……一共多少钱？
售货员：14欧20分。
顾　客：给您。再见，祝您度过美好的一天！
售货员：再见，谢谢，下周日见。
顾　客：好，现在该买奶酪了……

Dossier 5

Leçon 17
视频文本
Hugo：嗨。
Juliette：晚上好。你听的什么？
Hugo：蠢朋克乐队。我很喜欢他们。
Juliette：我挺喜欢的。还不错……明天我得早起。
Hugo：呃……我们去看电影吧？有James Bond的新片……你不喜欢动作片吗？
Juliette：喜欢，但我更喜欢法国电影。

Hugo：那看喜剧片吧？
Juliette：不，我更喜欢看老电影。
Hugo：啊，不会有点儿无聊吗？对了，还有《触不可及》，你觉得怎么样？呃……我们去散散步，然后去喝一杯？
Juliette：那就去Lieu unique咖啡馆吧，你去了就知道了，是个很不错的地方。
Hugo：然后我们再去看22点那场《触不可及》？你觉得可以吗？
Juliette：可以。我们走吧。我有点儿冷。
Hugo：穿上我的外套吧。
Juliette：这件外套很不错哦。

Leçon 18
阅读文本
请介绍您最喜欢的名人
Baptiste G.，75岁，退休
我最喜欢的名人是Simone Veil。她是一名法国女政治家。她年纪不小了，已经86岁了。她的头发是灰色的，个子不高，但却是一名勇敢、谦虚且睿智的女性。

Hippolyte B.，25岁，学生
Omar Sy！他是一名年轻演员，35岁。他又高（1.9米）又瘦，是个开朗、讨喜又认真的男人。他爱他的妻子和4个孩子。

Marie W.，34岁，教师
Marion Cotillard和Jean Dujardin。他们的影片非常成功！他俩都很年轻！很优雅！Marion是一名优秀的演员。她很高，头发是棕色的，眼睛是蓝色的，真是个美女。Jean Dujardin同样是一名优秀的演员。他又高又瘦，人很好。他头发是棕色的，是个帅哥。

Leçon 19
听力文本
　　本周，我要为大家介绍的是《卡布尔的夏天》。
　　这是一个关于Emma和Rodolphe的故事。Emma是巴黎人，Rodolphe住在卡布尔。他们在1990年相遇。那时他们在卡昂大学求学。5年后，1995年，Emma成为法语老师，Rodolphe选择了从医。毕业后，Emma返回了巴黎。Rodolphe离开了法国，他先去了非洲，然后又去了亚洲，最后回到了卡布尔。2005年8月，Emma在卡布尔租了一栋房子。一天……《卡布尔的夏天》是一个爱情故事：他们相遇，相爱，分离，重逢……这个夏天，让我们一起读这本《卡布尔的夏天》吧。这本书从明日起将在各大书店发售，电子书同步上线。

Leçon 20
文化内容阅读文本
影片资料
类型：＿＿＿＿＿＿
上映日期：2011年11月2日
导演：＿＿＿＿＿＿
主演：＿＿＿＿＿＿
片长：1小时52分
剧情梗概：
　　Philippe是一位身有残疾的富豪。而Driss没有工作，住在巴黎郊区。Philippe雇佣Driss来照顾他的生活。

他们相识了，这次相遇改变了他们的人生。Driss给Philippe的生活带来了快乐和欢笑。两人产生了深厚的友谊……他们俩变得形影不离。

电影类型
- 喜剧片
- 音乐剧
- 浪漫喜剧片
- 科幻片
- 剧情片

Dossier 6

Leçon 21

视频文本

Laurent Bonomi: 不会吧！不！Nathalie？

Nathalie Bonomi: 嗯？怎么了？

Laurent Bonomi: 这是Juliette的成绩单。她每一科的成绩都很糟糕！Juliette！

Juliette Bonomi: 等一下！我在打电话！昨天，我去了秘书处，我考试没有及格。

Laurent Bonomi: Juliette！

Juliette Bonomi: 喂，我晚点儿再给你打。

Laurent Bonomi: 你这学期考砸了？

Juliette Bonomi: 不，我有两科考过了。

Laurent Bonomi: 你没有好好学习。

Juliette Bonomi: 我可没有偷懒，是这学期的课太难了。

Nathalie Bonomi: 你去上课了吗？

Laurent Bonomi: 请别再这样了！

Juliette Bonomi: 够了！高中已经结束了。我现在读大学了，是文学院的本科生了。我9月会参加补考的。

Laurent Bonomi: 是老师的原因吗？老师们教得不好吗？Juliette，整个夏天你都得复习。

Juliette Bonomi: 在假期里（复习）？

Laurent Bonomi: 是的。

Lucie Bonomi: 对了，邻居家的儿子怎么样呀？我亲爱的儿子，很久以前你考试也曾经不及格。

Nathalie Bonomi: 的确如此，我比你先拿到硕士文凭。

Laurent Bonomi: 噢不……好吧，确实，但我那时生病了。

Leçon 22

阅读文本

1.

Tourisme.com			
巴斯克地区			
出行方式	住哪里？	游览	体验
乘火车 自驾 坐飞机 坐船	住宿类型： 酒店 露营 出租屋 民宿	大海 山区 乡村 城市	游泳 冲浪 美食 远足 散步 单车 游览

2.

在海边度假，真好。

一开始的几天，我们甚至曾因晒伤而失眠。每天游两次泳，真好。用球拍和重重的小球打几局球，也很好……同样令人觉得不错的是不同寻常的生活节奏：我们午餐和晚餐的时间比平时晚很多。

夜幕降临时，我们趁晚上凉快去散步；在回来的路上，我们会买一份chichi——一种长条形的带小图案的炸糕。

我们一点儿也不会觉得无聊……

Philippe Delerm，《这真好》
米兰出版社，1991年

3. 上午游完泳后，我们在简陋的出租房露台上吃午餐——这是一个由车库改成的住所。

Philippe Delerm，《他们说：成为父亲》
"我读过"出版社，2010年

Leçon 23

听力文本

秘　书：您好，这里是南特大学国际关系处。

学　生：您好女士。我参加了伊拉斯谟交换项目，正在填研究生一年级的登记表。我有几个问题……

秘　书：请说。

学　生：我不明白什么是"中等教育毕业证书"。

秘　书：就是您的高中毕业文凭，比如法国的中学毕业文凭。需要写上获得文凭的日期，请您填到"大学情况"一栏里。

学　生：哦好的！登记表我是通过邮件发过来吗？

秘　书：是的，您需要发送电子邮件并邮寄。

学　生：两种方式？

秘　书：是的，必须在4月1日前寄出。

学　生：好的。嗯……我需要申请签证吗？

秘　书：您的国籍是？

学　生：我是希腊人。

秘　书：欧洲人不需要签证。

学　生：还有……

秘　书：小姐，很抱歉，我非常忙。您得去读一读我们网站www.univ-nantes.fr上的说明。

学　生：哦，好的！但是有些说明我看不懂……

秘　书：那就通过电子邮件提问，我会回答。好吗？再见小姐。

学　生：再见……

学生用书练习答案

学生用书练习答案

Dossier 0

En classe

1 La classe 课堂   page 3

    a. une chaise   b. un tableau

    c. un tableau numérique interactif   d. un ordinateur

En France et ailleurs

1 Quelques fêtes 节日   page 4

    14 février → a (Saint-Valentin)   21 juin → c (Fête de la musique)

    25 décembre → b (Noël)   14 juillet → d (fête nationale)

4 Les saisons 季节   page 4

    a. le printemps   b. l'été   c. l'automne   d. l'hiver

La francophonie

2 Quiz   page 6

    1 c   **2** c   **3** b   **4** a   **5** 1 a ; 2 c ; 3 c ; 4 b

Dossier 1

Leçon 1

1 La vidéo 视频   page 8

    1 7 personnages (4 filles et 3 garçons)   **2** a → 3 ; b → 1 ; c → 7 ; d → 5 ; e → 4 ; f → 6 ; g → 2

2 Coucou ! 嗨!   page 8

    a → Laurent   b → Hugo   c → Natalie   d → Simon   e → Juliette   f → François

3 Qui dit quoi ? 谁说什么?   page 9

    1 a → 2 ; b → 1

4 Les prénoms 代词   page 9

    a. <u>Il s'appelle</u> Hugo.

    b. <u>Je m'appelle/Elle s'appelle</u> Louise.

    c. <u>Ils s'appellent/Nous nous appelons</u> Juliette et Laurent.

    d. <u>Elles s'appellent/Nous nous appelons</u> Juliette et Louise.

    e. <u>Nous nous appelons/Ils s'appellent</u> Laurent et Simon.

5 Dans le sac de Juliette 在 Juliette 的包里   page 9

    a. le téléphone   b. les stylos   c. la tablette   d. l'ordinateur

6 Salut ! 你好!   page 10

    a. da daaa   b. da daaa   c. da da daaa   d. da daaa   e. da da da daaa   f. daaa

Leçon 2

2 Le genre et le nombre 性和数   page 11

    a. 字母e   b. 字母s

3 Féminin/Pluriel 阴性 / 复数   page 12

    1 Féminin : pharmacie, amie, boulangerie.   Masculin : ordinateur, hôpital, bar, vélo, livres.

    2 Pluriel : amis, enfants, mots, rues.   Singulier : café, restaurant, prénom, taxi.

5 Prénoms français 法语名字

b → J   c → C   d → M   e → B   f → F   g → P
h → S   i → O   j → G   k → N   l → A

Leçon 3

1 Dialogues 对话

1 Dialogue 1 → a ; dialogue 2 → c ; dialogue 3 → b.

2 a bonjour ; b madame ; c au revoir ; e s'il vous plaît ; h oui ; i ça va ? ; j salut ; l merci.

3 *Accepter les réponses s'il y a une logique parmi la liste suivante, non exhaustive :* bonjour/bonsoir ; bonjour/au revoir ; au revoir/à bientôt ; s'il vous plaît/merci ; coucou/salut ; madame/monsieur ; salut/ça va.

2 L'article indéfini 不定冠词

a → 2   b → 3   c → 1

3 Masculin ou féminin ? 阳性还是阴性?

Masculin : a un café ; c un exercice ; e un euro.

Féminin : b une baguette ; d une boulangerie ; f une saison.

4 Singulier ou pluriel ? 单数还是复数?

Singulier : b une baguette ; f un livre.

Pluriel : a des exercices ; c des euros ; d des baguettes ; e des cafés.

Leçon 4

1 Salutations 问候

a. faire un signe de la main   b. faire le Wai comme en Thaïlande

c. mettre la main sur le cœur comme en Malaisie

2 Salutations 问候

a. Il ne croit pas. (« Mon œil » montre que l'on ne croit pas une affirmation, que l'on n'est pas crédule.)

b. Elle se présente.   c. Il pointe du doigt.   d. Elle salue.

e. Elle interdit aux autres de faire du bruit.   f. Elle donne un coup de pouce.

3 Le bon geste 正确的动作

1 → b   2 → a   3 → c   4 → d

4 Les villes de France 法国的城市

1 Paris   2 Marseille   3 Lyon   4 Toulouse   5 Nice
6 Nantes   7 Strasbourg   8 Bordeaux   9 Lille   10 Toulon

5 Les symboles de la France 法国的象征

Ce qui représente la France : b (le champagne), d (le parfum), f (les macarons), g (la terrasse de café).
c (le chapeau-melon), c'est l'Angleterre ; e (les gratte-ciel), les États-Unis ; a (le chocolat), la Belgique.

Entraînement

1 Salut ! 你好!

a. Bonjour, je m'appelle François.   b. Coucou, moi, c'est Louise.

c. Bonsoir, moi, je m'appelle Jean.

2 Des prénoms 名字

a. Elles s'appellent Juliette et Louise.   b. Tu t'appelles Françoise ?

c. Il s'appelle Laurent.   d. Nous nous appelons Hugo et Louise.

e. <u>Je</u> m'appelle Nathalie.

f. <u>Vous</u> vous appelez Simon et Louise?

3 Les objets de Juliette Juliette 的物品 page 18

a. <u>le</u> livre   b. <u>les</u> vidéos   c. <u>l'</u>ami   d. <u>les</u> ordinateurs   e. <u>la</u> table   f. <u>les</u> cafés

4 Rythme et nombres 节奏和数字 page 18

1 a. da daaa   b. daaa   c. da da daaa   d. da da daaa   e. da daaa

    f. da da daaa   g. da daaa   h. da da daaa   i. da da da daaa   j. da da daaa

2 18 ; 30 ; 45 ; 92 ; 26 ; 81 ; 14 ; 76 ; 51 ; 64.

5 Les jours 星期 page 18

M.A.R.D.I → mardi   S.A.M.E.D.I → samedi   L.U.N.D.I → lundi

D.I.M.A.N.C.H.E → dimanche   V.E.N.D.R.E.D.I → vendredi   M.E.R.C.R.E.D.I → mercredi

6 Masculin ou féminin ? 阳性还是阴性？ page 18

a. « Football » est masculin.   b. « Table » est féminin.   c. « Chaise » est féminin.

d. « Café » est masculin.   e. « Tableau » est masculin.   f. « Sac » est masculin.

g. « Stylo » est masculin.   h. « Vélo » est masculin.

7 Pluriel 复数 page 18

a. le téléphone → les téléphones   b. la tablette → les tablettes   c. l'ami → les amis

d. le livre → les livres   e. la fête → les fêtes   f. le stylo → les stylos

8 Les mois 月份 page 18

janvier, février, mars, avril, mai, juin, juillet, août, septembre, octobre, novembre, décembre

9 Les objets de la classe 教室里的物品 page 19

a. <u>des</u> écouteurs   b. <u>des</u> cahiers   c. <u>un</u> tableau   d. <u>des</u> stylos

e. <u>une</u> tablette   f. <u>des</u> livres   g. <u>un</u> ordinateur   h. <u>une</u> table

11 À la boulangerie 在面包店 page 19

a. <u>Bonjour</u> Madame. Une baguette <u>s'il vous plaît</u>.   b. <u>Bonjour</u> Monsieur. Voilà. 95 centimes.

c. <u>Merci</u> Madame. <u>Bonne journée</u>.   d. <u>Au revoir</u> Monsieur.

13 Ils se présentent 他们相识 page 19

Salut ! Je m'appelle Juliette. Tu t'appelles comment ?
– Bonjour, je m'appelle Marie. Et toi ? – Bonjour ! Moi, c'est François.
Bonjour à tous. Je m'appelle Jean.

Dossier 2

Leçon 5

1 20 rue Talensac 塔朗萨克街 20 号 page 22

a → 1   b → 2

2 Présentations 介绍 page 22

1 a → 3   b → 1   c → 2

2 *Je suis* livreur de pizza.

3 Hugo a 20 ans.

3 Les enfants Le Tallec   Le Tallec 家的孩子们 page 22

Moi, c'est Louise.   Lui, c'est Hugo.   Elle, c'est Louise.

4 Dialogue 对话 page 23

– Moi, je *suis* étudiant, j'*ai* 19 ans. Et vous ?
– Nous, nous *sommes* professeurs. Nous *avons* 35 ans. Et lui ?
– Lui, il *a* 25 ans, il *est* médecin.

5 Professions 职业 page 23

a → journaliste   b → professeur   c → assistant
d → photographe   e → médecin   f → architecte

Leçon 6

1 Profils 个人主页 page 25

Rodolfo   pays : Mexique   Amelia   pays : France, Allemagne
           ville : Guadalajara   villes : Paris, Berlin
Yvan   pays : Japon, France
           villes : Tokyo, Paris

2 Messages 留言 page 25

message a → profil 3   message b → profil 2   message c → profil 1
(Justifications diverses : date de naissance, lieu d'habitation, lieu de provenance (nationalité), situation amoureuse...)

3 Eux et elles 他们和她们 page 25

a. Amelia → allemande   Yvan → français
b. Amelia → vient de Berlin   Rodolfo → vient de Guadalajara
c. Rodolfo → habite à Guadalajara   Yvan → habite à Tokyo
d. Amelia → allemand, français, roumain
e. Amelia → le 24 février 1978   Yvan → le 28 avril 1991

4 Des pays 国家 page 26

a. le Mexique   le Japon   le Canada   le Mozambique   le Danemark
   le Luxembourg   le Monténégro   le Portugal   le Liban   le Zimbabwe
b. la France   la Pologne   la Chine   la Colombie   la Mauritanie
   la Belgique   la Corée du Sud   la Corée du Nord la Grèce   la Suisse
c. l'Allemagne   l'Argentine   l'Angleterre   l'Algérie   l'Inde
   l'Australie   l'Autriche   l'Italie   l'Iran   L'Égypte
d. les Philippines les Seychelles   les États-Unis   les Pays-Bas   les Bahamas
   les Bermudes   les Comores   les Fidji   les îles Féroé   les Émirats arabes unis

5 Conjugaison 动词变位 page 26

a. Tu *habites* à Rouen. Tu *parles* français ?
b. Cathy et Paul *habitent* à Montréal. Ils *parlent* français et anglais.
c. Vous *êtes* français et vous *habitez* au Japon. Vous *parlez* japonais ?
d. Nous *habitons* à Marseille. Nous *parlons* français et italien.

6 Des étudiants 大学生 page 26

a. Je m'appelle Rachel, je suis américaine. Je viens *de* Philadelphie.
b. Bonjour, je suis Elizabetta, je suis *polonaise*. J'*ai* 34 ans. J'*habite* à Madrid parce que mon mari est *espagnol*.
c. Je m'appelle Adam et je *viens* de Pologne, j'ai 22 ans et je suis *en* France depuis 2012.

Leçon 7

1 Petite annonce 广告 page 27

a. le cinéma   f. des acteurs   i. des femmes et des hommes

2 Au téléphone 打电话

page 27

Dialogue 1
Nom : Bailly
Prénom : Caroline
Numéro de téléphone : <u>07 45 23 18 65</u>
Mail : <u>carob@gmail.com</u>
Âge : <u>28 ans</u>
Profession : <u>non indiquée</u>

Dialogue 2
Nom : <u>Lefèvre</u>
Prénom : Nicolas
Numéro de téléphone : <u>06 24 09 56 42</u>
Mail : <u>nlefevre@gmail.com</u>
Âge : <u>40 ans</u>
Profession : <u>professeur de sport</u>

3 Questions 提问

page 27

1 → c   2 → b   3 → d   4 → a

4 À lui 他的

page 28

a → 3   b → 1   c → 1   d → 2

5 À qui ? 谁的?

page 28

a. ta fille   b. son portable   c. son fixe   d. votre nom

6 Appeler 打电话

page 28

J'appelle Simon. → Je téléphone à Simon.
Je m'appelle Simon. → Mon nom, c'est Simon.

7 ↑ ou ↓ ? 升调还是降调?

page 29

1 ↑   2 ↓   3 ↓   4 ↓   5 ↑

Leçon 8

2 En France 在法国

page 30

1 a. 1, 4, 5, 6, 7
b. 2, 3
2 a. Les jeunes font un geste de la main.
b. Les adultes se serrent la main.
3 a. un geste de main : Coucou ! / Salut ! / Moi, c'est...
b. une poignée de main : Bonjour, je m'appelle... / Enchanté.

Entraînement

1 Présentations 介绍

page 32

a. *Je suis* la femme de Carlos, *je suis* professeure, *j'ai* 26 ans.
b. *J'ai* 44 ans, *je suis* célibataire, *je suis* photographe.
c. Je m'appelle Rita, *je suis* étudiante, *j'ai* 20 ans.

2 La famille 家庭

page 32

a. ~~un architecte~~   b. ~~un étudiant~~   c. ~~professeur~~

3 C'est qui ? 这是谁?

page 32

a. Hugo ? C'est lui / elle.
b. M. Le Tallec ? C'est elle / lui .
c. Françoise ? C'est elle / eux.
d. Le professeur ? C'est lui / nous.
e. Les Bonomi ? Ce sont eux / toi.

4 Les professions 职业

page 32

a. La professeure   b. La femme médecin   c. L'ingénieur

d. L'architecte   e. La secrétaire   f. Le journaliste

5 Tour du monde 环游世界   page 32

a. Pays : *la Pologne*
  Agneska est *polonaise*.
  Elle parle *polonais*.
  Elle habite *en Pologne*.

b. Pays : *le Japon*
  Yumiko est *japonaise*.
  Elle parle *japonais*.
  Elle habite *au Japon*.

c. Pays : *la Chine*
  Jacky est *chinois*.
  Il parle *chinois*.
  Il habite *en Chine*.

6 Ici et là 这里和那里   page 33

a. Ji Woong est née *en* Corée du Sud, elle vient *de* Séoul. Elle est professeure de coréen *à* Tokyo, *au* Japon.
b. Paolo vient *de* Rio, *au* Brésil. Il est étudiant *à* Paris, *en* France.
c. Marylin est mexicaine. Elle est née *à* Guadalajara et travaille *à* Mexico.
d. Ye est chinois. Il vient *de* Shanghai. Il est étudiant *à* Varsovie, *en* Pologne.
e. Silvia vient *de* Manille. Elle est née *aux* Philippines.

7 Informations 信息   page 33

a. – *Vous* habitez à Paris ?
   – Oui, et nous travaill*ons* à Paris.
b. – J'appell*e** pour le rendez-vous.
   – *Vous* vous appelez comment ?
c. – Ils parl*ent* russe ?
   – Oui. *ils* sont russes.
d. – *Tu* habites à New York ?
   – Non, *j'*habite en Italie.
* La différence entre la forme pronominale « s'appeler » et la forme « normale » « appeler » sera abordée dans la leçon suivante.

8 Rythme 节奏   page 33

Je parle anglais.   *4 syllabes*

a Bonsoir, → 2 syllabes
b j'habite à Madrid, → 5 syllabes
c j'ai vingt-huit ans, → 4 syllabes

d je viens de Tokyo. → 5 syllabes
e Je suis né → 3 syllabes
f le 2 janvier. → 4 syllabes

9 Questions, réponses 问题 / 回答   page 33

1 ↑   2 ↑   3 ↓   4 ↑   5 ↓   6 ↑

10 Au téléphone 打电话   page 33

– Bonjour, j'appelle pour le casting.
– Bonjour. Vous vous appelez comment ?
– Je m'appelle Émilie Joly.
– *Comment* ça s'écrit ?
– J. O. L. Y.
– Vous avez *quel* âge ?
– J'ai 26 ans.
– *Qu'est-ce que* vous faites dans la vie ?
– Je suis étudiante.
– D'accord, je vous appelle pour le rendez-vous. Au revoir.

11 Ma famille 我的家庭   page 33

a. Je te présente ma famille : *ma* femme s'appelle Isabelle ; *mon* fils s'appelle Antonin et *ma* fille Caroline. Et toi ? Comment s'appelle *ton* mari ?
b. Je suis célibataire mais *ma* sœur est mariée ; *son* mari s'appelle Alaster. Elle a deux enfants : *son* fils s'appelle Louis et *sa* fille Jeanne.

Préparation au DELF A1

1 Compréhension de l'oral 听力理解   page 35

  1 Laurentin.

  2 c Le Canada.

  3 Canadienne / Il est canadien.

  4 En France.

  5 Métier : <u>acteur</u>

    âge : <u>32 ans</u>

    numéro de téléphone : <u>06 33 47 35 61</u>

    adresse mail : <u>hugo.laurentin@gmail.com</u>

2 Compréhension des écrits 阅读理解   page 35

  1 Felipe a 27 ans.

  2 d Brésilienne.

  3 Felipe parle 3 langues.

  4 b à Paris.

  5 b

  6 La sœur de Felipe s'appelle Eliane.

Dossier 3

Leçon 9

1 Un déjeuner 午餐   page 38

  1 a. Françoise Le Tallec, Laurent Bonomi, Simon Bonomi et Nathalie Bonomi.

    b. Ils sont au restaurant.

  2 a. Une carte   b. Une carafe d'eau   d. Une serviette

    e. Le sel   f. Le poivre   h. Un comptoir

2 La commande 点餐   page 38

  1 a. Le poulet basquaise (photo n° 3) et le saumon (photo n° 4).

    b. Simon prend un steak frites (photo n° 1). Françoise, Laurent et Nathalie prennent 3 poulets basquaise (photo n° 3). Lucie prend une salade italienne (photo n° 2).

  2 a. Françoise et Simon paient/payent.

    b. On ne sait pas.

3 Serveur ou client ? 侍应生还是顾客?   page 39

  a. Le serveur   b. Les clients   c. Le serveur   d. Les clients

4 Les articles 冠词   page 39

  a → 3   b → 1   c → 2

5 *Chez Violette* 在 Chez Violette 餐厅   page 39

  Le restaurant *Chez Violette* propose <u>un</u> menu avec <u>une</u> entrée : <u>la</u> salade italienne ou <u>les</u> escargots ; <u>un</u> plat : <u>le</u> saumon grillé ou <u>le</u> poulet basquaise ; <u>un</u> dessert : <u>la</u> tarte aux pommes ou <u>la</u> mousse au chocolat.

Leçon 10

1 Des activités parisiennes 巴黎的休闲活动 page 41

1 a → 3   b → 4   c → 1   d → 2
2 b

2 C'est Paris 这是巴黎 page 42

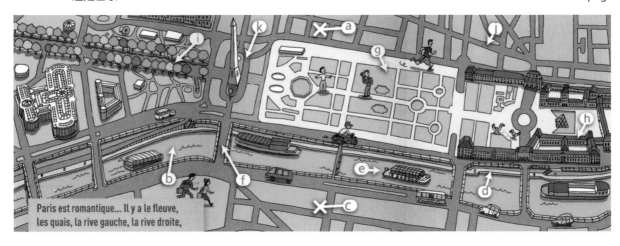

3 Singulier ou pluriel ? 单数还是复数? page 42

a. le bouquiniste   b. l'ami   c. les rues
d. les places   e. les rives   f. les avenues

4 Qu'est-ce qu'on fait ? 做什么? page 42

Il pleut. À la maison, on écoute de la musique.
Il fait chaud. Au jardin du Luxembourg, on pique-nique.
Il fait froid. Au cinéma, on regarde un film.
Dans les jardins, il fait beau, on fait une promenade.
Sur la rive droite, il fait chaud, on fait la fête !

Leçon 11

1 On va où ? 去哪儿? page 43

1 Photo 1, dialogue n° 3. Un musée. Il s'agit du musée du Quai Branly.
   Photo 2, dialogue n° 2. Un film, le cinéma.
   Photo 3, dialogue n° 1. Dîner, resto, cuisine italienne.
2 b

2 Les 3 sorties 三次外出 page 43

a. Dialogue 2 – où → au Champo (cinéma), dimanche, à 11 h 45, voir un film.
b. Dialogue 3 – où → au musée du Quai Branly, aujourd'hui (jeudi) ; le soir, pas d'heure précise ; mais le soir, avant 21 heures, visiter le musée.

3 Pour sortir 外出 page 43

1 *Ça te dit ?*
   a. Tu fais quoi ?
   b. Tu viens avec nous ?
   c. Vous venez avec moi ?

4 On sort ! 出门去! page 44

Julie : Tu *viens* avec moi au ciné ?
Jules : Quand ?

Julie : Demain *soir*.

Jules : *À quelle heure* ?

Julie : À 19 heures.

Jules : D'accord, on *se retrouve* où ?

Julie : *Devant* le cinéma.

Jules : Ok, à *demain*.

5 Non ! 不! page 44

a. Non, je ne viens pas avec toi.

b. Non, nous ne venons pas samedi. / Non, je ne viens pas samedi.

c. Non, nous n'aimons pas le cinéma français. / Non, je n'aime pas le cinéma français.

d. Non, je ne visite pas les musées.

Leçon 12

1 Mimiques et gestes 表情与手势语言 page 46

1 a. 2   b. 1

2 a. 2   b. 4   c. 1   d. 3

2 Un seul mot 独词成句 page 46

a. Une seconde.   b. Désolé.

4 Monuments 地标建筑 page 47

2 1 b, d, g   2 a, c, d, g   3 f, g, b, d, e

  4 a, e, c   5 g   6 b, g

  7 c, h   8 c, a, h   9 d, g

5 Quel siècle ? 哪个世纪? page 47

(Cette liste n'est pas exhaustive.)

19e siècle : l'Arc de triomphe, l'Arc de triomphe du Carrousel, la colonne de Juillet, l'Hôtel de ville de Paris, le canal Saint-Martin.

a. 13e siècle : la cathédrale Notre-Dame.

b. 17e siècle : l'Hôtel des Invalides, la place des Vosges.

c. L'époque moderne : le Centre Pompidou, le musée du Quai Branly, la Bibliothèque nationale de France, la fontaine Stravinsky, l'Opéra de la Bastille, le Palais de Chaillot

Entraînement

1 Au restaurant 在餐馆 page 48

– Bonsoir monsieur, qu'est-ce que vous prenez ?

– Je *prends* la salade italienne et un *steak*.

– Quelle cuisson ?

– *À point/Saignant/Bien cuit,* s'il vous plaît.

– Et comme *boisson* ?

– Une *carafe* d'eau, *s'il vous plaît*. Qu'est-ce que vous avez comme *dessert* ?

– Aujourd'hui, il y a la mousse au chocolat.

– La mousse au chocolat ? Non, *merci*.

3 Un bon restaurant ! 不错的餐馆! page 48

Je connais *un* restaurant : c'est *le* restaurant *Chez Félicie*. Il propose *une* carte avec *un* menu. Sur *la* carte, il y a *des* entrées, *des* plats, *des* desserts. *Les* entrées sont bonnes et j'aime *les* desserts, alors je prends toujours *le* menu. Comme plat, je prends *un* steak ou *une* salade : *le* steak à point et *la* salade italienne. *Le* restaurant n'est pas cher.

4 Prendre

page 48

a. je [prɑ̃]   b. nous [prənɔ̃]   c. ils/elles [prɛn]
d. tu [prɑ̃]   e. vous [prəne]   f. il/elle/on [prɑ̃]

5 Les liaisons 联诵

page 48

	[naperitif]	[zaperitif]	[taperitif]
Un apéritif	✘		
1 Des apéritifs		✘	
2 Un bon apéritif	✘		
3 Un petit apéritif			✘
4 Deux apéritifs		✘	

6 Météo 天气预报

page 48

À Strasbourg, il pleut et il fait froid : 8°.
À Lyon, il pleut et il fait chaud : 26°.
À Bordeaux, il fait beau et il fait chaud : 23°.
À Marseille, il fait beau et il fait chaud : 28°.

7 Qui fait quoi ? 谁做什么?

page 49

a. 1 (3 et 5 possibles)   b. 3 (1 possible ; 5 bizarre !)
c. 2   d. 5 (1 et 3 possibles)
e. 4 et 6   f. 7
g. 4 et 6

8 Activités 休闲活动

page 49

a. On va sur *le* pont des Arts ?   b. *L'*été, il fait du sport.
c. Elle regarde *la* Seine.   d. On retrouve *les* amis de Léa.
e. Nous découvrons *les* jardins des Tuileries.   f. J'ai *une* amie à Paris.

9 Non, non et non ! 不，就是不!

page 49

a. Je ne connais pas Paris.
b. Il ne fait pas beau.
c. Les Français n'aiment pas pique-niquer l'été.
d. Je ne viens pas chez toi demain.
e. Nous n'allons pas au cinéma le vendredi soir

10 Les sorties 外出

page 49

– Tu *fais* quoi aujourd'hui ?
– Je *vais* au cinéma. Tu *viens* avec moi ?
– Non, avec Lucie, nous *allons* au musée.
– Pierre et Marianne *viennent* avec vous ?
– Non, ils *vont* au restaurant !
– Et demain, ils *font* quoi ?
– Demain, on *va* au théâtre tous les quatre.
– Ah ! Demain, je *viens* avec vous !

11 Et vous ? 那你呢?

page 49

Exemples :
a. Aujourd'hui, on est samedi.   b. Il est 19 heures, c'est le soir.

c. Je suis chez moi. d. J'écoute de la musique et je fais mon exercice.

12 Quelle heure est-il ? 几点了? page 49
- a. Il est quatre heures et quart.
- b. Il est dix heures dix.
- c. Il est huit heures moins le quart.
- d. Il est minuit.
- e. Il est huit heures et demie.
- f. Il est midi.

13 Les enchaînements 连音 page 49

	[nœr]	[kœr]	[trœr]	[tœr]	[zœr]	[vœr]
Il est trois heures.					✘	
Il est cinq heures.		✘				
Il est huit heures.				✘		
Il est une heure.	✘					
Il est quatre heures.			✘			
Il est neuf heures.						✘

Dossier 4

Leçon 13

1 Hugo chez Modesign Hugo 在 Modesign 服装店 page 52
- c. une veste d. une chemise
- f. des chaussures

2 L'achat 购物 page 52
- a. Une veste. b. Pour un rendez-vous.
- c. Il ne sait pas. Le petit 48 d'après l'essayage. d. 139 euros.

3 Le client ou la vendeuse ? 顾客还是售货员? page 52
1 Le vendeur
- a. Bonjour monsieur. b. Je peux vous aider ?
- d. Vous voulez une veste de quelle couleur ?
2 La vendeuse
- e. Quelle est votre taille ? f. Voulez-vous l'essayer ?
- i. 139 euros. j. Vous payez comment ?
Hugo
- c. Je cherche une veste. g. Ça me plaît bien.
- h. C'est combien ? k. En liquide.

4 Culture mode 时尚文化 page 53
1 robe noire, veste verte, chaussures rouges ; chemise rose, jean noir, chaussures noirs

5 Un client pas content 不开心的顾客 page 53
– Je voudrais cette veste.
– *Quelle* veste ?

– _Cette_ veste.

– _Quelle_ couleur ?

– _Cette_ couleur. Je voudrais aussi un pantalon.

– _Quel_ pantalon ?

– _Ce_ pantalon. Et _cette_ cravate.

– _Quelle_ cravate ?

– Et une chemise.

– _Quelle_ chemise ?

– _Cette_ chemise. Et un tee-shirt noir. _Ce_ tee-shirt.

– _Quelle_ taille ?

– Je peux payer par carte ?

6 [Œ] page 54

	Identiques =	Différents ≠
Exemple : un peu – un peu	✗	
a un peu – un pot		✗
b il peut – il peut	✗	
c il paie – il peut		✗
d deux jupes – deux jupes	✗	
e une robe bleue – une robe bleue	✗	
f des cravates – deux cravates		✗
g ce manteau – ce manteau	✗	
h ce pantalon – ces pantalons		✗

Leçon 14

1 Le livre de recettes 菜谱 page 55

a. des recettes faciles

2 Le veau à la provençale 普罗旺斯焖牛肉 page 55

1 a. 700 g de veau   b. 2 gousses d'ail   c. 2 cuillères à café d'herbes de Provence
d. 5 tomates   e. 200 g de courgettes   f. un peu d'huile

2 x grammes, x kilos + de (d') + ingrédient → 200 grammes de courgettes, 700 grammes de veau...
Nombre + « contenant » + de (d') + ingrédient → 2 cuillères d'herbes, 2 gousses d'ail...
un peu de (d') ≠ beaucoup de (d') + ingrédient → Un peu d'huile

3 La préparation 料理 page 56

1 1 → b   2 → e   3 → a   4 → d   5 → c   6 → d
2 Épluchez les oignons.
Coupez la viande en morceaux (accepter aussi : les oignons).
Versez l'huile.
Ajoutez les tomates.
Faites cuire la viande et les oignons

4 Les pommes au four 烤苹果 page 56

Épluchez les pommes. _Coupez_ les pommes en morceaux. _Faites cuire_ les morceaux dans une poêle pendant 2 min. _Versez_ les pommes dans un moule. _Ajoutez_ le sucre. _Faites cuire_ au four pendant 20 min. _Servez_ avec de la crème Chantilly !

Leçon 15

page 57

1 Le marché de Talensac 塔朗萨克市场

1 Réponse attendue :

Les apprenants ont vu dans la leçon 14 « courgettes, oignons, tomates, ail, herbes de Provence, viande » ; peut-être connaissent-ils d'autres produits visibles sur les photos : pain, poisson... et les lieux où on les vend : boulangerie⋯

2 a. 4   b. 5   c. 2   d. 3   e. 1

2 Les courses 购物

page 57

Cliente (dialogue 1) – liste 3, car elle demande 500 grammes de tomates, pas un kilo.
Client (dialogue 2) – liste 2, car il veut 4 ou 5 poires, pas 1 kg, ET il ne veut pas de cerises.

3 Des fruits 水果

page 58

1 a. 4   b. 3   c. 1   d. 2

4 Chez le primeur 在果蔬店

page 58

– C'est à vous ? Bonjour madame !
– Oui, bonjour. Je voudrais *du* raisin.
– Combien ?
– *500 g de /1 kg de* raisin, s'il vous plaît. Et *des* bananes. *5* bananes.
– Et avec ça ?
– *Des* oranges, *1 kg d' / 500 g d'*oranges. Vous avez *des* fraises ?
– Ah non ! Désolé ! Je n'ai *pas de* fraises !
– Je vous dois combien ?
– 9 € 40, merci !

5 [Œ] ? [E] ?

page 58

	« deux » [dŒ]	« des » [dE]
Exemple : deux bananes	✘	
1 des carottes		✘
2 deux carottes	✘	
3 des courgettes		✘
4 deux oranges	✘	
5 deux tomates	✘	
6 des haricots verts		✘
7 deux poires	✘	
8 des pommes de terre		✘

6 Le bon choix 正确的选择

page 58

a. Vous voulez *ça* ?
b. *C'est* combien ?
c. Elles *veulent* du pain.
d. On n'a pas *d'*œufs.
e. *C'est/Voilà* ton fromage. (« c'est » peut aussi être accepté ; faire traduire en langue maternelle ou dans la langue commune à la classe les deux possibilités : « Voilà ton fromage » et « C'est ton fromage »)

Leçon 16

1 On fait comment ? 怎样做?　　　　　　　　　　　　　　　　　　　　page 60

1 b, c, f

2 a. Un vendeur pas avenant.

b. Un vendeur souriant.

c. Un jeune homme tenant la porte du magasin, laissant ainsi rentrer des jeunes femmes.

d. Un jeune homme qui insiste pour sortir, passant avec agressivité devant les jeunes femmes qui semblent choquées de l'attitude de celui-ci.

e. Le client donnant l'argent au vendeur.

f. Un client à la caisse sortant son argent pour payer

2 Gestes 肢体语言　　　　　　　　　　　　　　　　　　　　　　　page 60

a. 2　　b. 3　　c. 1

4 www.mangerbouger.fr　　　　　　　　　　　　　　　　　　　　page 61

a. 3　　b. 3　　c. 5　　d. 9, 5, 3　　e. 5　　f. 11　　g. 9, 11, 5　　h. 9

5 Profils 侧写　　　　　　　　　　　　　　　　　　　　　　　　page 61

a. 3　　b. 5　　c. 11　　d. 9

Entraînement

1 À la mode 时尚潮流　　　　　　　　　　　　　　　　　　　　　page 62

b. Elle porte un pantalon gris, une veste grise, une chemise rose, des chaussures.

c. Il porte un pantalon noir, une chemise bleue, une cravate grise.

d. Elle porte une robe bleue.

2 Les couleurs 五彩缤纷　　　　　　　　　　　　　　　　　　　　page 62

a. bleu　　b. orange　　c. rose　　d. blanc

3 Au magasin 在商店　　　　　　　　　　　　　　　　　　　　　page 62

– Bonjour madame, je *peux vous aider* ?

– Oui, je *cherche* un pantalon.

– Un pantalon de *quelle couleur* ?

– Noir.

– Comme ça ?

– Oui.

– *Quelle taille* ?

– 38. C'est *combien* ?

– 70 euros.

– Je le prends.

– Vous payez comment ?

– *Par chèque. / Par carte. / En liquide.*

4 Aux Champs-Élysées 在香榭丽舍大街上　　　　　　　　　　　　page 62

Le client : Bonjour.

La vendeuse : Bonjour, monsieur.

Le client : Je voudrais *cette* veste, *ce* pantalon, *ces* chaussures, *cette* cravate, *ce* blouson, *ce* tee-shirt et *cette* robe, pour ma femme.

La vendeuse : C'est tout ?

6 La robe noire 黑色长裙　　　　　　　　　　　　　　　　　　　page 62

c → f → h → e → a → d → g → b → j → i → k

7 L'intrus 不同者   page 63

a. une fraise   b. une pomme de terre   c. acheter

8 La ratatouille 普罗旺斯杂烩菜   page 63

1. c. *Épluchez les oignons, coupez les courgettes, les tomates et l'ail.*
2. e. <u>Versez</u> l'huile dans la poêle.
3. a. <u>Faites</u> cuire les oignons.
4. f. <u>Ajoutez</u> l'ail, les courgettes et les tomates.
5. d. <u>Salez</u> et <u>poivrez</u>.
7. b. <u>Continuez</u> la cuisson pendant 45 min.

9 Combien ? 多少?   page 63

un kilo : de courgettes.
un peu : d'ail, d'eau, d'huile, de courgette, de sel.
3 : bananes.
une cuillère : d'eau, d'huile, de sel.
une bouteille : d'eau, d'huile.

10 Ingrédients 食材   page 63

a. *le* sel   b. *la* tomate   c. *l'*ail   d. *les* courgettes
e. *l'*oignon   f. *le* lait   g. *la* pomme   h. *la* banane

11 La liste des courses 购物清单   page 63

a. *des* oignons ; *trois / 500 g d'* oignons
b. *de l'*eau ; *une bouteille d'*eau
c. *de l'*huile ; *une bouteille d'*huile
d. *du* potiron ; *un morceau de* potiron
e. *de la* salade ; *une* salade

13 Les magasins 商店   page 63

Par exemple : 1 : une robe, une veste, un pantalon, des chaussures
2 : des fruits : des fraises, des bananes... ; des légumes : des carottes, des courgettes...
3 : de la viande

Préparation au DELF A1

1 Compréhension de l'oral 听力理解   page 35

1 h
2 Il propose d'aller au restaurant.
3 c (Antoine veut manger du poisson.)
4 c (Antoine veut aller au cinéma à 14 h 00.)
5 Après le cinéma, Antoine veut faire une balade dans Paris.

2 Compréhension des écrits 阅读理解   page 35

1 Lisa veut préparer un veau à la provençale.
2 a
3 Lisa veut faire des pommes au four.
4 a (À la boulangerie)

Dossier 5

Leçon 17

1 Le rendez-vous 约会 page 68

1 b → c → a

2 a Très amis

3 Ils parlent du programme de la soirée.

2 La soirée 夜晚 page 68

1 a. Vrai   b. Faux   c. Faux

2 a. Elle a un cours, un rendez-vous...

b. Juliette a froid et Hugo est galant.

3 Le programme 活动安排 page 68

On va boire un verre. Et après on va voir *Intouchables* à la séance de 22 heures.

4 Les goûts 爱好 page 68

1 Hugo : *Euh… On va au cinéma ? Il y a le nouveau James Bond… Tu n'aimes pas les films d'action ?*
Juliette : Si, mais je préfère les films français.

5 Au *Lieu unique* 在 Lieu unique 咖啡馆 page 69

a. Elle va parler des études.   b. Elle va décrire ses prochaines vacances.
c. Ils vont faire connaissance

6 Faire connaissance 交朋友 page 69

a. Vous vous couchez tard ?   b. Tu t'habilles en noir ?
c. Vous vous parlez en classe ?   d. Nous nous promenons à Paris.
e. Nous nous aimons beaucoup.

7 Je préfère les films français ! 我更喜欢法国电影！ page 70

	Nombre de syllabes
Exemple 1	6
Exemple 2	7
a	2
b	3
c	3
d	4
e	4
f	3
g	4
h	3

Leçon 18

1 C'est qui ? 这是谁?

1 a. Simone Veil　　b. Omar Sy　　c. Jean Dujardin　　d. Marion Cotillard

(Les justifications sont libres mais doivent être trouvées dans le texte. Exemple : a = Simone Veil car
« c'est une femme, elle est âgée... ».)

2

	Profession	**Description physique**
Omar Sy	Acteur	Très grand, mince. Jeune : 35 ans.
Simone Veil	Femme politique	Âgée : 86 ans. Petite, cheveux gris.
Jean Dujardin	Acteur	Jeune, grand, mince, brun, beau, élégant.
Marion Cotillard	Actrice	Jeune, élégante, grande, brune, yeux bleus, belle.

2 Caractère 性格

	Caractère, qualités
Omar Sy	Joyeux, il aime sa femme et ses quatre enfants. Agréable, sérieux.
Simone Veil	Courageuse, modeste, intelligente.
Jean Dujardin	Bon acteur, sympathique. Ses films ont du succès.
Marion Cotillard	Bonne actrice. Ses films ont du succès.

3 Qualification 形容

1 a. 形容词在名词前/后。
b. 形容词与名词阴阳性相同/不同。
c. 形容词与名词单复数相同/不同。

2 a → 2　　b → 1

4 Le corps 身体

La main — Les cheveux — La tête — Les yeux — Le bras — La poitrine — Le ventre — La jambe — Les fesses — Le pied

138

5 Sophie Marceau

Page 72

C'est Sophie Marceau. *C'est* une actrice *française*. *Elle est* grande et brune. *C'est* une femme *sympathique*. *Elle est* jeune (47 ans). *C'est* une *belle* femme.

6 Claude

Page 72

	Homme	Femme
Exemple :	✘	
a		✘
b		✘
c	✘	
d		✘
e	✘	
f		✘

Leçon 19

1 Roman 小说

page 73

a. Il s'agit du site Internet de « Radio Hexagone » ; de la page « Culture & médias » qui comprend les rubriques « Livres », « Cinéma », « Musique », « Arts » et « Photos ».

b. La chronique s'appelle « Le livre du jour » ; il s'agit donc de la rubrique « Livres ».

c. Le titre du livre est « Un été à Cabourg ».

2 Un été à Cabourg 卡布尔的夏天

page 73

c. un roman d'amour.

3 Emma et Rodolphe Emma 和 Rodolphe

page 73

médecin – Rodolphe – habite à Cabourg
professeur de français – Emma – habite à Paris
Emma et Rodolphe – habitent à Caen

4 Quand ? 什么时候?

page 74

Actions (Quoi ?)	Moments (Quand ?)
Ils se sont rencontrés.	*en 1990*
a. Ils ont fait leurs études.	1990-1995
b. Emma est devenue professeure de français.	5 ans après, en 1995
c. Emma est retournée à Paris.	à la fin de ses études
d. Emma a loué une maison à Cabourg.	en août 2005

5 Présent ou passé ? 现在还是过去?

page 74

a. Faux.   b. Vrai.

6 Chronologie 时间顺序

page 74

1 d'abord   2 puis   3 Enfin

7 Marc et Isabelle Marc 和 Isabelle

page 74

Marc et Isabelle se sont rencontrés à Marseille en 2001. Ils *ont* fait leurs études de chimie ensemble. À la fin de ses études, Isabelle *est* partie travailler à Nice et Marc *a* trouvé un travail à Nantes. Ils se *sont* quittés. En 2013, Marc *est* revenu à Marseille mais Isabelle *est* restée à Nice.

8 [y]

page 75

	J'entends [y]	Je n'entends pas [y]
Exemple :	✘	
a		✘
b	✘	
c	✘	
d		✘
e		✘
f	✘	
g	✘	
h	✘	

Leçon 20

1 Distance 距离

page 77

1 1 c   2 a   3 b

2 a. Hugo semble timide. Il est manifestement ému. Juliette est distante et pas très détendue. Peu à peu, elle devient plus proche d'Hugo.

b. Ce premier rendez-vous semble plutôt réussi.

3 Vous et les distances 社交距离

page 77

En France, la distance entre les amis se mesure entre 15 et 100 centimètres. Les Français gardent une distance d'au moins un mètre des inconnus. Ils font la bise avec leurs familles et leurs amis en se croisant ou en faisant ses adieux.

4 L'affiche 海报

page 78

b. Il y a deux personnages principaux, ils ont l'air de bien s'entendre et ils sont issus de milieux différents. L'un est jeune, l'autre a l'air plus vieux. Ils sont peut-être amis. En bas à droite, il y a le titre et les noms des acteurs.

c. Genre : <u>Comédie</u>

Réalisé par : <u>Éric Toledano et Olivier Nakache</u>

Avec : <u>François Cluzet et Omar Sy</u>

5 Un très grand succès ! 巨大的成功

page 78

21 millions d'entrées (en réalité, c'est 23 millions) en 2011.

6 Portraits 肖像

page 78

a. Philippe : triste, élégant, âgé, beau.   Driss : sympa, joyeux, jeune, beau.

b. Exemple : Philippe n'est pas jeune. Il a cinquante ans. Il porte une veste noire, une chemise. Driss est jeune. Il a vingt-cinq ans. Il porte un sweat vert.

7 Des amis 朋友们

page 78

Réponse possible : amis, inséparables, unis, copains

Entraînement

1 Premier rendez-vous 第一次约会

page 78

a ➔ 2   b ➔ 3   c ➔ 4   d ➔ 1

2 Le cinéma 电影

a. Réponse possible : voir un film, le nouveau..., aller voir..., les films d'action, les nouveaux/vieux films, la séance

b. Voir un film ➝ Nous allons voir un film.

Le nouveau... ➝ J'aime le nouveau James Bond.

Aller voir... ➝ Je vais aller voir le nouveau···

Les films d'action ➝ J'aime les films d'action.

Les nouveaux/vieux films ➝ Je n'aime pas les vieux films. / J'aime les nouveaux films.

La séance ➝ Je vais au cinéma à la séance de 14 heures.

3 Une famille française 一个法国家庭

Les Bailly *se lèvent* tôt. Frédéric, le père, *se lève* le premier pour préparer le petit déjeuner. Après, la famille *se retrouve* dans la cuisine pour prendre le petit déjeuner. « Nous *nous parlons* beaucoup dans la famille », dit Tom. La fille qui *s'appelle* Adèle dit : « Je *me lève* tôt mais je *me couche* tard ! » Le week-end, les enfants *se promènent* ou ils sortent avec des amis.

4 Les projets de Juliette Juliette 的计划

Demain, je *vais aller* au cinéma avec Hugo. Après, on *va boire* un verre. On *va écouter* de la musique. Il *va parler* de cinéma. Sa sœur *va venir* avec nous. Ses parents *vont préparer* le dîner. Samedi, nous *allons voir* mes parents.

5 Je me lève 我起床

a. On se promène.

b. Je préfère les films français.

c. Je me lève.

d. Je vais au cinéma.

e. Tu te lèves.

f. Tu te promènes.

g. Je bois un verre.

6 Louis, Lisa et Nina, Adèle Louis、Lisa 和 Nina 姐妹以及 Adèle

Louis est petit et brun. C'est un homme triste.

Lisa et Nina sont petites et rondes. Elles sont brunes et élégantes. Elles sont sérieuses.

Adèle est grande et mince. C'est une belle femme élégante. Elle est sympathique et joyeuse.

7 C'est à qui ? 是谁的?

a. vos personnalités préférées

b. tes enfants

c. leurs enfants

d. ses enfants

e. notre mariage

f. sa profession

g. leur adresse

9 Du passé ! 过去时

Exemple : habiter ➝ habité ➝ avoir

être ➝ été ➝ avoir

avoir ➝ eu ➝ avoir

venir ➝ venu ➝ être

prendre ➝ pris ➝ avoir

faire ➝ fait ➝ avoir

se marier ➝ marié ➝ être

plaire ➝ plu ➝ avoir

vouloir ➝ voulu ➝ avoir

10 Omar Sy

Omar Sy *est né* le 20 janvier 1978 en France. Il *a rencontré* Hélène en 1998. Ils *ont eu* 4 enfants. D'abord, il *a été* humoriste, puis il *a fait* des films. En 2011, il *a joué* dans le film *Intouchables*. Un an après, en 2012, il *est devenu* la personnalité préférée des Français.

12 Drôle de vie ! 奇特的人生

a. Le participe passé finit par [e].
b. Le participe passé finit par [i].
c. Le participe passé finit par [y].
d. Le participe passé finit par [y].
e. Le participe passé finit par [i].
f. Le participe passé finit par [y].
g. Le participe passé finit par [i].
h. Le participe passé finit par [e].
i. Le participe passé finit par [y].

Le participe passé finit par :	[e]	[i]	[y]
a	✘		
b		✘	
c			✘
d			✘
e		✘	
f			✘
g		✘	
h	✘		
i			✘

Dossier 6

Leçon 21

1 En famille 在家里

1 a. Il a reçu un relevé de notes de Juliette.
b. Juliette a des mauvaises notes dans toutes les matières.
c. Lucie est de côté de Juliette. Elle reproche à Laurent d'avoir raté , lui aussi, ses examens quand il était jeune.
d. Elle n'a dit rien à Juliette.

2 Problème 麻烦

Vrai : a   Faux : b, c, d

3 ☺ ou ☹ ?

Histoire de la grammaire : grammaire et expression écrite.
Fondamentaux : linguistique générale et langue vivante.

4 Présent-Passé 现在 – 过去

a. Dans le présent.   b. Dans le passé.   c. Dans le présent.
d. Dans le passé.   e. Dans le passé.

5 Juliette raconte   Juliette 在讲述

Hier, Amélie et ses amis *se sont retrouvés* à 13 h. Ils *ont déjeuné* dans un petit restaurant, ils *ont mangé*, ils *ont parlé* beaucoup. Amélie *a raconté* sa semaine à la fac. Éric *a parlé* de ses vacances. Après, ils *sont allés* dans le centre-ville. Ils *se sont promenés* et *ont visité* un musée.

page 79

page 82

page 82

page 82

page 83

page 83

6 [ɑ̃] ou [Ɛ̃] ? [ɑ̃] 还是 [Ɛ̃] ?

page 84

	[ɑ̃] (maman)	[Ɛ̃] (hein ?)
Exemple : *Comment ?*	✗	
a septembre	✗	
b les voisins		✗
c les vacances	✗	
d un examen		✗
e demain matin		✗
f une licence	✗	
g pendant longtemps	✗	
h il est sympa !		✗

Leçon 22

1 Le Pays Basque 巴斯克地区

page 85

1 À des personnes, des touristes qui veulent visiter le Pays Basque (à nous !).
2 Montagnes : les Pyrénées. Ville : Biarritz. Mer : l'océan Atlantique.
3 Plusieurs réponses sont possibles, les accepter si elles sont logiques. Par exemple :
le surf, les baignades → la mer
les randonnées, les promenades, le vélo → la montagne
les promenades, le vélo → la campagne
les promenades, les visites, les restaurants → la ville

2 Les vacances 假期

page 85

b. un souvenir de vacances.

3 Activités ! 活动!

page 86

1 Lieux : la mer, éventuellement, la terrasse.
Hébergement : une location, un gîte (en fait, un garage !).
Activités : la baignade, les parties de raquettes, on déjeunait, on dînait, on allait marcher, on achetait un chichi (beignet), nous déjeunions.
2 se baigner   la baignade
jouer aux raquettes   le jeu
marcher   la marche
visiter   la visite

4 Un nouveau temps ! 一种新时态!

page 86

1 a l'imparfait
2 L'imparfait se forme avec la première personne du pluriel au présent (nous).

5 Souvenirs 回忆

page 86

Quand j'*étais* petit, j'*aimais* les vacances ! Avec ma famille, l'été, nous *partions* à la mer. Nous *allions* dans le Sud en voiture. Nous *habitions* à l'hôtel. Nos parents *se baignaient* avec nous. Après le dîner, on *se promenait*. C'*était* bien !

6 [ɛ̃], [ɑ̃] ou [ɔ̃]

1

	[ɛ̃]	**[ɑ̃]**	**[ɔ̃]**
a l'avion			✘
b le train	✘		
c les Landes		✘	
d une location			✘
e le matin	✘		
f cent		✘	
g la campagne		✘	
h la montagne			✘

Leçon 23

1 Année universitaire 学年

a. Faux, de l'université de Nantes.
b. Vrai, demande d'inscription.
c. Vrai, demande d'inscription à l'université de Nantes, 1re année de Master (Master 1).
d. Faux, ce dossier est destiné aux étudiants étrangers.
e. Vrai, contact : adresse mail ou fax ; cachet de la poste faisant foi.
f. Faux, date limite de dépôt des candidatures : 1er avril 2014.

2 Questions 问题

1 a. L'étudiante est *étrangère*. (« Je suis grecque. »)
  b. *La secrétaire donne des instructions pour remplir le formulaire d'inscription.* (« écrire la date, noter dans le cadre... ») (Rester modeste dans les justifications de cette réponse ; les instructions seront détaillées plus tard.) (Une étudiante et une secrétaire de l'université de Nantes. L'étudiante pose des questions, elle veut des informations pour s'inscrire.)
2 L'étudiante *remplit* son formulaire. (= présent)
3 Réponse attendue :
Je suis en train d'écouter le professeur. Je suis en train de faire un exercice. Je suis en train de suivre mon cours de français...

3 Pour s'inscrire 注册

	À faire	**À ne pas faire**	
diplôme	écrire la date du diplôme		Il faut écrire la date.
envoi du formulaire	envoyer le formulaire par mail et par la poste ; envoyer deux formulaires		Vous l'envoyez par mail et par la poste. Les deux ? Oui, vous devez les envoyer avant le 1er avril.
visa		visa	Pas de visa pour les Européens.
questions	poser les questions par mail		Il faut poser vos questions par mail.

4 Instructions 指示

Il faut écrire la date. Il faut poser vos questions par mail.
Vous devez les envoyer avant le 1er avril.

Pas de visa pour les Européens.
Vous l'envoyez par mail et par la poste.

5 Je l'envoie... 我寄…… page 88

a. la date
b. les instructions
c. le formulaire
d. les deux formulaires

6 Vous comprenez ? 你懂了吗? page 88

a. Oui, je *l'*ai.
b. Oui, je *les* comprends.
c. Oui, je *la* note.
d. Oui, je *le* remplis. / Oui, il faut *le* remplir.

7 [ɑ̃] ou [ɔ̃] [ɑ̃] 或者 [ɔ̃] page 89

1

a	J'entends [ɑ̃] (comme dans Nantes)
b	J'entends [ɔ̃] (comme dans non)
c	J'entends [ɑ̃] (comme dans Nantes)
d	J'entends [ɔ̃] (comme dans non)
e	J'entends [ɔ̃] (comme dans non)
f	J'entends [ɔ̃] (comme dans non)
g	J'entends [ɑ̃] (comme dans Nantes)
h	J'entends [ɔ̃] (comme dans non)

Leçon 24

1 Attitude 态度 page 90

1 1 a   2 c

2 Les gestes parlent 肢体语言 page 90

1 1 a   2 b

3 Jamais content 总是不满意 page 90

Réponse possible :
M. Bonomi est assis sur un fauteuil avec les bras croisés. Il n'est évidemment pas content.

4 Au cœur de Paris 在巴黎的中心 page 91

1 la tour Eiffel, le dôme des Invalides, l'église Saint-Sulpice, la chapelle de la Sorbonne, l'observatoire de la Sorbonne, la tour Montparnasse, la basilique du Sacré-Cœur de Montmartre, la cathédrale Notre-Dame de Paris
2 a. Où se trouve la Sorbonne. Lieu.
b. Histoire.
c. Étudier.
d. Culture. La Sorbonne, la nuit.

5 Les lieux 地点 page 91

a, b, d, f

7 Quiz 抢答比赛 page 91

1 a   2 c   3 b

Entraînement

1 Les études 学业 page 92

a. acheter   b. une recette   c. partir   d. ajouter

2 Les participes passés 过去分词 page 92

naître → né   réussir → réussi   faire → fait
avoir → eu   pouvoir → pu   aller → allé
apprendre → appris   suivre → suivi   être → été

3 Les copines 伙伴们 page 92

Charlotte : Tu as vu Juliette aujourd'hui ? Elle va bien ?
Emma : Elle va très bien. Juliette et Hugo *ont fait* connaissance. Samedi soir, ils *sont allés* au cinéma.
Ils *ont vu* un nouveau film. Avant, ils *se sont promenés* dans le centre-ville. Ils *ont parlé*. Hugo *a invité*
Juliette dans un bar. Ils *se sont quittés* vers minuit. Ils *ont passé* une bonne soirée. Juliette est très
contente.
Charlotte : Super !

4 *Être* ou *avoir* ? être 还是 avoir ? page 92

Avoir : pouvoir, être, faire, rater, avoir.
Être : se retrouver, se promener, naître, s'habiller.

5 Changement de programme 计划有变 page 92

a. D'habitude je dîne à 20 h mais hier *je n'ai pas dîné à 20 h*.
b. D'habitude je me promène au bord de la Seine mais hier *je ne me suis pas promené(e)*.
c. D'habitude je travaille mais hier *je n'ai pas travaillé*.
d. D'habitude je téléphone à ma mère mais hier *je n'ai pas téléphoné*.
e. D'habitude je prends la voiture mais hier *je n'ai pas pris la voiture*.
f. D'habitude je lis le journal mais hier *je n'ai pas lu le journal*.

6 Combien de temps ? 多长时间? page 92

a. Elle a révisé pendant deux mois.
b. Ils se sont promenés pendant trois heures.

7 L'imparfait 未完成过去时 page 93

a. je faisais → faire   b. tu finissais → finir
c. elle se promenait → se promener   d. nous voulions → vouloir
e. vous étiez → être   f. ils prenaient → prendre

9 Présent ou imparfait ? 现在时还是未完成过去时? page 93

a. je visitais   imparfait
b. tu te baignes   présent
c. tu te promenais   imparfait
d. il regardait   imparfait
e. elles attendent   présent
f. elles attendaient   imparfait
g. je déjeune au restaurant   présent
h. je déjeunais au restaurant   imparfait

10 Souvenir de Bretagne 布列塔尼的回忆 page 93

C'*était* en 2001, j'avais 10 ans. Avec mes parents, nous *étions* en vacances en Bretagne. Tous
les matins, nous *nous baignions*. Après la baignade, nous *déjeunions* sur la terrasse de notre location.
Après le déjeuner, ma mère *dormait* : elle *faisait* la sieste. Mon père *lisait*. Moi, je *regardais* la mer et les
bateaux. Le soir, nous *nous promenions* sur le port. Après la promenade, nous *dînions* au restaurant. Je

146

prenais toujours des crêpes ! Je *pouvais* me coucher tard. C'*était* super !

11 Pour l'inscription 注册 page 93

Pour vous inscrire, d'abord, il faut *lire* les instructions.
Puis, vous devez *remplir* le formulaire et le *signer*.
Enfin, vous devez l'*envoyer* par la poste.

12 C'est pour ma fille 为了我女儿 page 93

– Tu connais l'université de Nantes ?
– Oui, je *la* connais.
– C'est une bonne université ? Je veux inscrire ma fille.
– Tu peux *l'*inscrire ! C'est une excellente université !
– Les professeurs sont bons ?
– Je ne *les* connais pas tous !
– Il y a un formulaire à remplir ?
– Oui ! Ta fille doit *le* signer et *l'*envoyer par mail.

13 Un bon étudiant 一名好学生 page 93

Réponses libres, mais devant respecter la consigne et les contraintes (emploi correct de *devoir*, *il faut...*, *il ne faut pas...*).

DELF A1

1 Compréhension de l'oral 听力理解 page 35

a. n° 5   b. n° 4   c. n° 2   d. Pas de dialogue   e. n° 1   f. n° 3

2 Compréhension des écrits 阅读理解 page 35

1 La date du diplôme de fin d'études secondaires.
2 Il ne faut pas oublier de signer le formulaire.
3 b
4 Au bureau des relations internationales.
5 L'université demande de donner l'adresse email.